クリニックの各種変更手続
ハンドブック

一般社団法人
医業経営研鑽会 編

届出・許認可
保険医療機関指定申請
税務　労務
社会保険 等

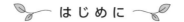

はじめに

　一般的な株式会社に比べて医療機関は変更手続が複雑です。
　税務関係や社会保険関係の手続きだけでなく、保健所、地方厚生局への手続きがありますし、生活保護、労災保険、自立支援医療を扱っている医療機関であればそれぞれへの手続きが必要となるからです。
　そのため、医療機関から「〇〇を変更したいので必要な変更手続の一覧を教えて欲しい」という依頼をよく受けます。その都度、手続先を調べて一覧にしていましたが、これが結構大変な作業でした。

　ところで医療関係の書籍には医療法人設立に関するもの、新規開業に関するもの、節税に関するもの、事業承継に関するもの等はたくさん出版されていますが、変更手続をまとめたものは少なくとも私が知る限りはありませんでした。ないのであれば一般社団法人医業経営研鑽会でまとめようということになり、日本法令の協力のもとに本書を出版することにしました。
　変更手続をまとめていると意外と知らない手続きや、勘違いしていた手続きがあって、編集している私自身がとても勉強になりました。
　私が不得手な分野や行ったことがない手続きについてはその道のプロと思われる方々に監修をお願いしたので、本書は本当に多くの方のご協力のもとにまとめることができました。
　ただ、医療機関といっても無床診療所、有床診療所そして病院では変更手続が異なりますし、医療法人によっては介護保険施設などの42条施設を運営しているところも多くあるため、変更手続の範囲を絞らないと半永久的にまとまらないと思われるので、本書はまずは無床診療所でよく発生するであろう変更手続に絞らせていただきました。
　また、もし本書が好評で改訂版を出せるのであれば、病院に関する手続きや、介護保険施設に関する手続き等にも範囲を広げられればと思っております。
　末筆になりましたが、本書の発刊にあたり日本法令の大澤有里氏には大変お世話になり、心より感謝しております。この場を借りてお礼申し上げます。

　　　　　　　　　　　　　令和6年7月　編集責任者　西岡秀樹

本書の使い方

　本書は、医療機関のうち下記の範囲で必要となるであろう変更手続についてまとめています。

　比較的珍しい手続きも取り上げていますが、医療機関の運営にあたり生じるすべての変更手続を網羅しているわけではありません。あらかじめご承知おきください。

┌─●本書でまとめた変更手続の対象範囲●─────────
│・医療機関の範囲：無床診療所のみ
│・開設者：個人と医療法人のみ
│・公的保険：保険医療機関、労災保険指定医療機関、生活保護
│　法指定医療機関、指定自立支援医療機関に関する手続きのみ
│・手続先：公的な機関のみ（銀行等の民間取引先は含まれない）
└────────────────────────────

　本書は、ある変更をした場合に必要となる一連の手続き（以下、本書において**一連の手続き**）と、1つずつの手続き（以下、本書において**個別の手続き**）を記載しています。

　一連の手続き中、例えば 個-1 とあるのは個別の手続きの手続番号1のことです。個々の手続きの提出期限などについて詳しく知りたい時は手続番号でお調べください。

　なお、個別の手続きの中には一連の手続きとすることが適当でない手続きもあるので、一連の手続きでは触れていない個別の手続きがありますが、手続先や手続内容ごとに分けて個別の手続きを記載しているので、一連の手続きで触れていない個別の手続きについては各自でご確認ください。

　提出先が都道府県となっている場合は、政令指定都市も含みます。

　また、年金事務所または健康保険組合となっている場合は、正確には管轄の年金事務所または日本年金機構広域事務センター（健康保険組合の加入事業所は健康保険組合に提出）となります。

　提出先は地域によって若干異なります。

　例えば、個別の手続きに提出先が都道府県となっていても、保健所経由で提出する地域もありますし、提出先が都道府県精神保健課等となっていても東京都は「精神保健医療課　生活支援担当」ですが、神奈川県は「福祉部　障害福祉課」と異なります。

　実際の手続先は管轄の行政機関でご確認ください。

　最後に提出期限ですが、特に定めがない場合は「速やかに」という表現にしています。

目　次

第1編　一連の手続き

① 個人開設の診療所に関する一連の手続き

連－1	開設者の個人住所変更	14
連－2	開設者の変更	15
連－3	診療所の所在地変更	18

② 医療法人に関する一連の手続き

連－4	理事長の変更（重任を除く）	21
連－5	理事長を含む役員全員の重任	22
⚙ **実務のツボ！** 役員の任期の落とし穴		23
連－6	理事長以外の役員の変更	24
連－7	非医師を理事長に選任する場合	25
連－8	医療法人の決算①－資産総額変更	27
連－9	医療法人の決算②－医療法人決算届・経営情報の報告	28
連－10	医療法人の主たる事務所のみの移転（同一都道府県内での移転の場合）	29
連-11	医療法人の主たる事務所のみの移転（都道府県をまたぐ移転の場合）	31
連-12	医療法人が開設している診療所の移転	33
連-13	分院の開設	37
連-14	分院の廃止	40
連-15	附帯業務の追加・廃止	43
⚙ **実務のツボ！** みなし指定の事業は定款変更は不要		44
連-16	会計年度の変更	45
連-17	役員の定数の変更	46

3

連-18	持分のある法人から持分のない法人への定款変更① （認定を受けない場合）	47
連-19	持分のある法人から持分のない法人への定款変更② （認定を受ける場合）	49
連-20	医療法人名称の変更	51
連-21	医療法人が開設する診療所の名称変更	55
◎ **実務のツボ！**	診療所の名称に関するローカルルール	57
連-22	診療所管理者の変更	58
連-23	本院廃止①－本院（診療所）の廃止手続	59
連-24	本院廃止②－解散の手続き	62
連-25	社員の欠乏による医療法人の解散	65
連-26	都道府県に対する解散認可申請	66

③ 個人と医療法人に共通する診療所に関する一連の手続き

連-27	診療科目の変更	68
連-28	診療日時の変更	69
連-29	勤務医・保険医等に関する変更等	70
連-30	建物の構造概要および平面図等の変更	71
連-31	診療所休止・再開	72
連-32	再生医療等	73
連-33	産業廃棄物	75

④ 職員を雇用することで必要となる一連の手続き

連-34	職員を雇用する場合の手続き	76
連-35	外国人を雇用する場合の手続き	78
連-36	外国人が退職した場合の手続き	80
連-37	職員が退職した場合、解雇したい場合の手続き	81
連-38	職員が70歳に達した場合の手続き	83
連-39	毎年定期的に行う必要がある社会保険関係の手続き	84

連-40	昇給・減給・賞与を支給した時の手続き	86
連-41	就業規則を作成・変更した時の手続き	87
連-42	職員の氏名、住所、被扶養者に変更があった場合の 手続き	89
連-43	出産・産休・育休・介護休業の場合の手続き	90
連-44	適用除外申請をしたい場合の手続き	93

第2編　個別の手続き

Ⅰ　法務局に対する手続き

| 個 - 1 | 医療法人変更登記申請 | 96 |

Ⅱ　都道府県（医療法人関係）に対する手続き

個 - 2	医療法人の登記事項の届出	98
個 - 3	医療法人役員変更届の提出	99
	実務のツボ！　医療法人の役員の適格性は都道府県 で異なる⁉	100
個 - 4	医療法人決算届の提出	101
個 - 5	医療法人の経営状況に関する報告	102
個 - 6	定款変更届の提出	103
個 - 7	医療法人定款変更認可申請	104
個 - 8	理事長選任特例認可申請	106
	実務のツボ！　理事長選任特例認可の実際の状況	109
個 - 9	医療法人解散届の提出	110
個-10	医療法人解散認可申請	112

Ⅲ　保健所に対する手続き

個-11	診療所開設届の提出	114
個-12	診療所廃止届の提出	115
個-13	診療所開設許可申請	116
個-14	診療所開設許可（届出）事項一部変更届の提出	117
個-15	診療所開設許可事項一部変更許可申請	119
個-16	他者管理の許可申請	120
個-17	医師（歯科医師）届出票の提出	121
個-18	診療所休止届・再開届の提出	122
	⚙ **実務のツボ！**　医療機関の休止と認可取消	122
個-19	診療用エックス線装置設置届、変更届、廃止届の提出	123
個-20	診療用高エネルギー放射線発生装置備付届の提出	124
個-21	診療用放射線照射装置備付届の提出	125
個-22	放射性同位元素装備診療機器備付届の提出	126
個-23	診療用放射性同位元素備付届の提出	127
個-24	陽電子断層撮影診療用放射性同位元素備付届の提出	128
個-25	診療用粒子線照射装置備付届の提出	129
個-26	食品関係営業届の提出	130

Ⅳ　保険医療機関指定申請に関する手続き

1　地方厚生局に対する手続き

個-27	保険医療機関指定申請	131
個-28	施設基準の届出	134
個-29	保険医療機関（生活保護法指定医療機関）届出事項変更（異動）届の提出	136
個-30	保険外併用療養費の実施（変更）の報告	137
個-31	保険医管轄地方厚生（支）局内の管轄事務所等変更届、保険医氏名変更届の提出	140

| 個-32 | 保険医療機関指定申請（更新） | 141 |
| 個-33 | 保険医療機関の廃止・休止・再開届の提出 | 143 |

② オンライン資格確認実施医療機関に関する手続き

個-34	オンライン資格確認の導入のための受付番号の情報提供依頼（保険医療機関指定申請と同時にオンライン資格確認を始める場合）	144
個-35	医療機関等向けポータルサイトへのアカウント登録	146
個-36	医療機関等向けポータルサイトでのコード変更（承認申請）	148

③ 生活保護法指定医療機関に関する手続き

個-37	生活保護法指定医療機関指定申請	149
個-38	生活保護法指定医療機関変更届出書の提出	151
個-39	生活保護法指定医療機関指定申請（更新）	152
個-40	生活保護法指定医療機関廃止・休止・再開・辞退届の提出	153

④ 労災保険指定医療機関に関する手続き

個-41	労災保険指定医療機関指定申請	154
個-42	労災保険指定医療機関変更届の提出	155
個-43	労災保険指定医療機関の更新	156
個-44	労災保険指定医療機関休止・辞退届、再開届の提出	157

⑤ 指定自立支援医療機関に関する手続き

| 個-45 | 指定自立支援医療機関（精神通院医療）指定申請 | 158 |

個-46	指定自立支援医療機関（精神通院医療）変更申請書	
	兼変更届の提出	159
個-47	指定自立支援医療機関(精神通院医療)指定更新申請	160
個-48	指定自立支援医療機関（精神通院医療）休止・再開・	
	廃止届、辞退申出書の提出	161

V 診療所運営に関する手続き

① 麻酔科標榜・麻薬関係に関する手続き

個-49	麻酔科標榜許可申請	162
個-50	麻薬施用者免許申請、麻薬管理者免許申請	163
個-51	麻薬施用者（管理者）の年間届の提出	164
個-52	麻薬施用者（管理者）業務廃止届の提出	165
個-53	麻薬所有届の提出	166
個-54	麻薬廃棄届、麻薬譲渡届の提出	167

◎ **実務のツボ！** 麻薬及び向精神薬取締法等違反と医
業停止処分 168

② 医療機器設置に関する手続き

| 個-55 | 機械等移転（設置）届、（変更）届の提出 | 169 |
| 個-56 | 高周波利用設備許可申請、変更許可申請、廃止届の提出 | 170 |

③ 消防署に対する手続き

個-57	防火対象物使用開始届出書の提出	172
個-58	防火防災管理者選任（解任）届出書の提出	173
個-59	消防計画作成（変更）届出書の提出	174

4 再生医療等に関する手続き

個-60	再生医療等委員会認定申請	175
個-61	再生医療等提供計画の提出	176
個-62	特定細胞加工物製造届書の提出	177
個-63	再生医療等提供状況の定期報告	178

5 15 条指定医に関する手続き

個-64	身体障害者福祉法第 15 条第 1 項の規定による医師の新規指定、変更届出	179

6 産業廃棄物に関する手続き

個-65	特別管理産業廃棄物管理責任者設置（変更）届出	180
個-66	産業廃棄物管理票交付等状況報告	181

7 自動車・認可外保育に関する手続き

個-67	自動車登録申請	182
個-68	認可外保育施設の設置届、事業内容等変更届、廃止届の提出	183

8 屋外広告物に関する手続き

個-69	道路使用許可申請	184
個-70	道路占用許可申請	185
個-71	屋外広告物許可申請	186

Ⅵ 税務に関する手続き

① 税務署に対する手続き

個-72	個人事業の開業届出、給与支払事務所等の開設届出	187
個-73	異動届出（税務署）	188
個-74	給与支払事務所等の移転届出	189
個-75	個人事業の廃業届出、給与支払事務所等の廃止届出	190
個-76	個人事業の廃業等届出、所得税・消費税の納税地の異動又は変更に関する申出書の提出	191
個-77	給与所得者の扶養控除等（異動）申告書の提出	192
	⚙ **実務のツボ！** 収入と所得との区別	193

② 都道府県税事務所・市区町村に対する手続き

個-78	異動届出（都道府県税事務所）	194
個-79	異動届出（市区町村）	195
個-80	給与支払報告書の提出	196
	⚙ **実務のツボ！** 住民税の普通徴収は認められない !?	197
個-81	給与所得者異動届出	198

Ⅶ 労働・社会保険、労務に関する手続き

① 労働保険（労災保険・雇用保険）に関する手続き

個-82	保険関係成立届の提出、概算保険料申告	199
個-83	雇用保険適用事業所設置届の提出	200
個-84	雇用保険被保険者資格取得届の提出	202
個-85	雇用保険被保険者資格喪失届・離職証明書の発行	203
個-86	労働保険名称、所在地等変更届の提出	204
個-87	雇用保険事業主事業所各種変更届の提出	205

個-88	労働保険の年度更新	206
個-89	労働保険適用事業所廃止	207
個-90	雇用保険適用事業所廃止	208
個-91	労働保険事務等の委託	209
個-92	労働保険事務処理の委託解除届出	210
個-93	特別加入に関する変更届の提出（中小事業主等及び一人親方等）	211

② 社会保険（健康保険・厚生年金保険）に関する手続き

個-94	健康保険・厚生年金保険新規適用届の提出	212
個-95	健康保険・厚生年金保険被保険者資格取得届の提出	213
個-96	健康保険・厚生年金保険被保険者資格喪失届の提出	214
個-97	健康保険・厚生年金保険被保険者報酬月額算定基礎届の提出	215
個-98	健康保険・厚生年金保険被保険者報酬月額変更届の提出	216
個-99	健康保険・厚生年金保険被保険者賞与支払届の提出	217
個-100	70 歳到達届の提出	218
個-101	健康保険・厚生年金保険被保険者氏名変更（訂正）届の提出	219
個-102	健康保険・厚生年金保険被保険者住所変更届の提出	220
個-103	健康保険被扶養者（異動）届の提出	221
個-104	健康保険・厚生年金保険事業所関係変更（訂正）届の提出	223
個-105	健康保険・厚生年金保険適用事業所全喪届の提出	224
個-106	被保険者適用除外承認申請	225
	◎ **実務のツボ！** 医師国保の適用除外申請	226

③ 産休・育休・介護休業に関する手続き

個-107	健康保険・厚生年金保険産前産後休業取得者申出書／変更（終了）届の提出	227
個-108	健康保険・厚生年金保険育児休業等取得者申出書／終了届の提出	228
個-109	健康保険出産育児一時金支給申請	229
個-110	健康保険出産手当金支給申請	230
個-111	出生時育児休業給付金支給申請	231
個-112	育児休業給付金支給申請	233
個-113	介護休業給付金支給申請	235

④ 外国人雇用に関する手続き

個-114	外国人雇用状況届出	237
個-115	健康保険・厚生年金保険資格取得届、資格喪失届等の提出（外国人雇用）	238
個-116	在留資格認定証明書交付申請	239
個-117	在留資格変更許可申請	240
個-118	在留期間更新許可申請、就労資格証明書交付申請	241

⑤ 就業規則・36協定・変形労働時間制等に関する手続き

個-119	就業規則（変更）届の提出	242
	⊙ 実務のツボ！　就業規則は「診療所のルール」である	243
個-120	時間外労働・休日労働に関する協定届（36協定）の提出	244
個-121	変形労働時間制に関する協定届の提出	245
個-122	解雇予告除外認定申請	247
個-123	寄宿舎規則（変更）届の提出	249

第1編

一連の手続き

第1編　一連の手続き

1　個人開設の診療所に関する一連の手続き

◆ 連－1　開設者の個人住所変更

届出先＆手続名	届出順	個別手続番号
保健所 ・診療所開設許可（届出）事項一部変更届の提出	事後	個-14
都道府県労働局（労災保険を扱う場合のみ） ・労災保険指定医療機関変更届の提出	事後	個-42
都道府県精神保健衛生課等 （自立支援医療を扱う場合のみ） ・指定自立支援医療機関（精神通院医療）変更申請書兼変更届の提出		個-46

ポイント解説

　個人開設の診療所の開設者の住所（開設者の自宅のことであり診療所の所在地は変わっていない）を変更した場合、管轄の保健所に診療所開設許可（届出）事項一部変更届を提出します。住居表示等の変更により開設者の住所に変更が生じた場合も同様です。

　所得税の納税地を住所地としている場合で、開設者の住所変更により納税地の異動があった場合（開設者の自宅のことで診療所の所在地は変わっていない）は、その年の確定申告書に、異動後の納税地を記載することで届け出たことになるので、異動届出書の提出は不要です。

　また、都道府県労働局と都道府県精神保健衛生課等にも変更の届出が必要です。

連-2 開設者の変更

◆ 連-2　開設者の変更

届出先＆手続名	届出順	個別手続番号
保健所		
・診療所廃止届の提出		個-12
・診療所開設届の提出		個-11
地方厚生局		
・保健医療機関の廃止届の提出	事後	個-33
・オンライン資格確認の導入のための受付番号の情報提供依頼（保険医療機関指定申請と同時にオンライン資格確認を始める場合）		個-34
・医療機関等向けポータルサイトへのアカウント登録		個-35
・保険医療機関指定申請	算定前	個-27
・施設基準の届出		個-28
・保険外併用療養費の実施（変更）の報告		個-30
税務署		
・個人事業の廃業届出	事後	個-75
・個人事業の開業届出		個-72
都道府県労働局（労災保険を扱う場合のみ）		
・労災保険指定医療機関辞退届		個-44
・労災保険指定医療機関指定申請	算定前	個-41
都道府県精神保健衛生課等 （自立支援医療を扱う場合のみ）		
・指定自立支援医療機関（精神通院医療）辞退申出書の提出	事前	個-48
・指定自立支援医療機関（精神通院医療）廃止届	事後	個-48
・指定自立支援医療機関（精神通院医療）指定申請	算定前	個-45
都道府県福祉事務所（生活保護を扱う場合のみ）		
・生活保護法指定医療機関廃止届	事後	個-40
・生活保護法指定医療機関指定申請	算定前	個-37

第1編　一連の手続き

届出先＆手続名	届出順	個別手続番号
年金事務所または健康保険組合 （社会保険に加入している場合のみ） ・健康保険・厚生年金保険適用事業所全喪届の提出	事後	個-105
労働基準監督署 ・労働保険適用事業所廃止		個-89
・保険関係成立届の提出		個-82
公共職業安定所 ・雇用保険適用事業所設置届の提出		個-83
・雇用保険適用事業所廃止		個-90
消防署（建物の面積や収容人数によって異なる） ・防火対象物使用開始届出書の提出		個-57
・防火防災管理者選任（解任）届出書の提出		個-58
・消防計画作成（変更）届出書の提出		個-59

ポイント解説

　個人開設の診療所では、同じ場所で診療所を開設する場合であっても、開設者の変更という手続きはありません。

　まず、旧診療所において自立支援医療を扱っている場合、廃止する1か月前までに都道府県精神保健衛生課等に対して指定自立支援医療機関辞退申出書を提出する必要があります。その後、旧診療所のすべての廃止の手続きと、新たな診療所のすべての開設の手続きが必要です。

　新しい診療所において期日を遡及して指定を受ける場合は、個-34 と 個-35 の手続きは必要なく、個-36 のオンライン資格確認を実施していた場合のコード変更の承認申請だけで済みます。

　税務署には、個人事業の廃業届出書と開業届出書のほか、旧診療所において青色申告の承認を受けていた場合は青色申告の取りやめ

届出書の提出が必要ですし、新たな診療所において青色申告の承認を受けたい場合は青色申告承認申請書の提出が必要です。

　また、必要に応じて減価償却資産の償却方法の届出書や、青色事業専従者給与に関する届出等も必要になりますが、細かいことは顧問の税理士にご確認ください。

　新たに開設する診療所の構造や広さによっては、防火対象物使用開始届出書を提出するとともに、防火防災管理責任者を選任して消防計画を消防署に提出する必要があります。診療所で使う建物はほぼすべて防火対象物となるので、消火器は150㎡、自動火災報知設備は延面積が300㎡以上、消防機関へ通報する火災報知装置は500㎡以上で設置が義務となります。さらに収容人数が30人以上の診療所は防火防災管理者の選任が必要となります。

●他に必要がある可能性がある手続き

手続名	個別手続番号
・身体障害者福祉法第15条第1項の規定による医師（15条指定医）の変更届出	個-64
・診療用エックス線装置設置届、変更届、廃止届の提出（診療用エックス線装置等を設置、廃止した場合）	個-19
・機械等移転（設置）届、（変更）届の提出（診療用エックス線装置を設置、廃止した場合）	個-55
・高周波利用設備許可申請、変更許可申請、廃止届の提出（電気メスやMRIを設置、廃止した場合）	個-56
※麻酔科標榜・麻薬関係に関する手続きは 個-49 ～ 個-54 を、エックス線、電気メス、MRI以外の放射線治療装置等の医療機器を設置、廃止した場合の手続きは 個-20 ～ 個-25 を、1回の提供食数が20食程度以上の給食施設に関する手続きは 個-26 を参照してください。また、看板等に関する手続きは 個-69 ～ 個-71 の手続きを参照してください。

第1編　一連の手続き

◆ 連-3　診療所の所在地変更

届出先＆手続名	届出順	個別手続番号
保健所		
・診療所廃止届の提出		個-12
・診療所開設届の提出		個-11
地方厚生局	事後	
・保健医療機関の廃止届の提出		個-33
・オンライン資格確認の導入のための受付番号の情報提供依頼（保険医療機関指定申請と同時にオンライン資格確認を始める場合）		個-34
・医療機関等向けポータルサイトへのアカウント登録		個-35
・保険医療機関指定申請	算定前	個-27
・施設基準の届出		個-28
・保険外併用療養費の実施（変更）の報告		個-30
税務署	事後	
・個人事業の廃業届出		個-75
都道府県労働局（労災保険を扱う場合のみ）		
・労災保険指定医療機関辞退届の提出		個-44
・労災保険指定医療機関指定申請	算定前	個-41
都道府県精神保健衛生課等 （自立支援医療を扱う場合のみ）		
・指定自立支援医療機関(精神通院医療)廃止、辞退申出書の提出	事前	個-48
・指定自立支援医療機関（精神通院医療）廃止届の提出	事後	個-48
・指定自立支援医療機関（精神通院医療）指定申請	算定前	個-45
都道府県福祉事務所（生活保護を扱う場合のみ）		
・生活保護法指定医療機関廃止届の提出	事後	個-40
・生活保護法指定医療機関指定申請	算定前	個-37

連-3 診療所の所在地変更

届出先&手続名	届出順	個別手続番号
年金事務所または健康保険組合 （社会保険に加入している場合のみ） ・健康保険・厚生年金保険事業所関係変更（訂正）届の提出	事後	個-104
労働基準監督署 ・労働保険名称、所在地等変更届の提出		個-86
公共職業安定所 ・雇用保険事業主事業所各種変更届の提出		個-87
消防署（建物の面積や収容人数によって異なる） ・防火対象物使用開始届出書の提出 ・防火防災管理者選任（解任）届出書の提出 ・消防計画作成（変更）届出書の提出		個-57 個-58 個-59

ポイント解説

　個人開設の診療所で、開設者は変えずに所在地を変更（診療所の移転）する場合であっても、税務署、年金事務所または健康保険組合、労働基準監督署、公共職業安定所の以外の手続きは、移転という手続きにはなりません。

　まず、旧診療所において自立支援医療を扱っている場合、廃止する1か月前までに都道府県精神保健課等に対して指定自立支援医療機関辞退申出書を提出する必要があります。

　その後、税務署、年金事務所または健康保険組合、労働基準監督署、公共職業安定所以外の手続きは、旧診療所のすべての廃止の手続きと、新たな診療所のすべての開設の手続きが必要です。

　新しい診療所において期日を遡及して指定を受ける場合は、個-34 と 個-35 の手続きは必要なく、個-36 のオンライン資格確認を実施していた場合のコード変更の承認申請だけで済みます。

　個人開設の診療所の所在地を移転した場合、移転前の管轄の税務署に個人事業の廃業等届出を提出します。書類名は廃業等届出となって

いますが、事業所の移転の届出も含まれています。この場合、給与支払事務所等の移転届出書の提出は不要です。ただし、個人開設で、納税地を診療所の所在地としている場合は納税地が異動するので、異動前の管轄の税務署に所得税・消費税の納税地の異動または変更に関する申出書を提出します。この場合は、給与支払事務所の所在地も変わるはずなので、給与支払事務所等の移転届出書も管轄の税務署に提出します。

　また、新たに開設する診療所の構造や広さによっては、防火対象物使用開始届出書を提出するとともに、防火防災管理責任者を選任して消防計画を消防署に提出する必要があります。

　診療所で使う建物はほぼすべて防火対象物となるので、消火器は150㎡、自動火災報知設備は延面積が300㎡以上、消防機関へ通報する火災報知装置は500㎡以上で設置が義務となります。さらに収容人数が30人以上の診療所は、防火防災管理者の選任が必要となります。

●他に必要がある可能性がある手続き

手続名	個別手続番号
・身体障害者福祉法第15条第1項の規定による医師（15条指定医）の変更届出	個-64
・診療用エックス線装置設置届、変更届、廃止届の提出（診療用エックス線装置等を設置、廃止した場合）	個-19
・機械等移転（設置）届、（変更）届の提出（診療用エックス線装置を設置、廃止した場合）	個-55
・高周波利用設備許可申請、変更許可申請、廃止届の提出（電気メスやMRIを設置、廃止した場合）	個-56
※麻酔科標榜・麻薬関係に関する手続きは 個-49 ～ 個-54 を、エックス線、電気メス、MRI以外の放射線治療装置等の医療機器を設置、廃止した場合の手続きは 個-20 ～ 個-25 を、1回の提供食数が20食程度以上の給食施設に関する手続きは 個-26 を参照してください。また、看板等に関する手続きは 個-69 ～ 個-71 の手続きを参照してください。	

連-4 理事長の変更

2 医療法人に関する一連の手続き

◆ 連-4　理事長の変更（重任を除く）

届出先＆手続名	届出順	個別手続番号
法務局 ・医療法人変更登記申請	事後	個-1
都道府県 ・医療法人の登記事項の届出 ・医療法人役員変更届の提出		個-2 個-3
税務署、都道府県税事務所、市区町村 ・異動届出		個-73 個-78 個-79
地方厚生局 ・保険医療機関（生活保護法指定医療機関）届出事項変更（異動）届の提出		個-29
年金事務所または健康保険組合 ・健康保険・厚生年金保険事業所関係変更（訂正）届の提出		個-104

ポイント解説

　理事長の変更は、まず法務局に登記を申請する必要があります。この登記は、変更があった日から2週間以内に行うこととされています。

　登記が終わったら次に、都道府県への役員変更届の提出のほか、税務署や地方厚生局等への届出が必要となります。

　なお、理事長の変更のみの場合は保健所、労働基準監督署、公共職業安定所には届け出る必要はありません。

第1編　一連の手続き

◆ 連-5　理事長を含む役員全員の重任

届出先＆手続名	届出順	個別手続番号
法務局	事後	
・医療法人変更登記申請		個-1
都道府県		
・医療法人の登記事項の届出		個-2
・医療法人役員変更届の提出		個-3

ポイント解説

　医療法人において、理事長や監事を含む役員全員の任期は最長で2年と定められているので、すべての医療法人は2年に一度は役員全員の改選が必要になります。医療法人は株式会社と違い、役員は代表権を有する理事長のみを登記します。
　まず法務局において理事長変更登記をします。そして登記が終わったら、都道府県に医療法人の登記事項の届出と役員変更届の提出をします。

22

連－5 理事長を含む役員全員の重任

 実務のツボ！ お役立ちアドバイス

役員の任期の落とし穴

　役員の任期はそれぞれの医療法人の定款で定められています。
　例えば、厚生労働省の社団医療法人定款例（最終改正平成30年3月30日）には下記のように定められています。

　　第29条　役員の任期は2年とする。ただし、再任を妨げない。
　　　2　補欠により就任した役員の任期は、前任者の残任期間とする。

　補欠とは役員が辞任や死亡で生じた欠員を補充することですが、補欠で選任された後任者の任期は前任者の残任期間となります。
　例えばA、B、Cの3名の理事が令和5年4月1日に就任しましたが、Cが令和6年4月30日に辞任し、その補欠として後任者Dが令和6年5月1日に就任した場合、A、B、Dの役員の任期は全員令和7年3月31日までとなります。
　後任者Dの任期を令和8年4月30日と誤解する例が見受けられますが、補欠により就任した役員の任期は、前任者の残任期間です。ご注意ください。

第1編 一連の手続き

◆ 連-6 理事長以外の役員の変更

届出先＆手続名	届出順	個別手続番号
都道府県 ・医療法人役員変更届の提出	事後	個-3

🌿 ポイント解説

　医療法人の理事長以外の役員に変更が生じた場合、都道府県に対して遅滞なく役員変更届を提出する必要があります。理事長の変更には登記が必要ですが、理事と監事の変更は都道府県への届出のみで登記は不要です。

［届出が必要なケース］
　・新たに役員に就任する場合
　・任期途中で辞任する場合
　・役員が死亡した場合
　・改姓や住所変更があった場合　等

連-7 非医師を理事長に選任する場合

◆ 連-7 非医師を理事長に選任する場合

届出先＆手続名	届出順	個別手続番号
法務局 ・医療法人変更登記申請	事後	個-1
都道府県 ・理事長選任特例認可申請	事前	個-8
・医療法人の登記事項の届出	事後	個-2
・医療法人役員変更届の提出		個-3
税務署、都道府県税事務所、市区町村 ・異動届出	事後	個-73 個-78 個-79
地方厚生局 ・保険医療機関（生活保護指定医療機関）届出事項変更（異動）届		個-29
年金事務所または健康保険組合 ・健康保険・厚生年金保険事業所関係変更（訂正）届の提出		個-104

ポイント解説

　非医師が医療法人の理事長に就任するためには、事前に都道府県知事の認可が必要です。この認可を受けるためには理事長選任特例認可申請を行い、必要な書類を都道府県に提出する必要があります。具体的には、理事長就任予定者の履歴書、承諾書、印鑑登録証明書などが必要です。また、財務状況を示す貸借対照表や損益計算書を求められる場合があります。

　認可基準は都道府県によって異なる可能性がありますが、一般的には次のような基準が設けられています。

1. 理事長が死亡等により理事長の職務を継続することが不可能となった際に、その子供が、医科または歯科大学に在学中か、または卒業後、臨床研修その他の研修を終えるまでの間、医師または歯科医師でない配偶者等が理事長に就任しようとするような場合
2. 一定期間医療機関としての運営が適正に行われ、かつ、法人としての経営が安定的に行われている医療法人
3. 理事長候補者が当該法人の理事に一定期間以上在籍しており、かつ、過去一定期間にわたって、医療機関としての運営が適正に行われ、かつ、法人としての経営が安定的に行われている医療法人

　このように多くの書類と手続きが必要なのは、医療法人は医学的知識の欠陥に起因し問題が惹起されるような事態を未然に防止するために、原則として理事長は医師または歯科医師とされているからです。

　都道府県の認可が得られた後は、まず法務局に理事長変更登記を申請し、登記が終わったら次に都道府県へ役員変更届の提出のほか、税務署や地方厚生局等への届出が必要となります。

　なお、理事長の変更のみの場合は保健所、労働基準監督署、公共職業安定所には届け出る必要はありません。

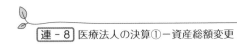

◆ 連-8　医療法人の決算①－資産総額変更

届出先＆手続名	届出順	個別手続番号
法務局 ・医療法人変更登記申請	事後	個-1
都道府県 ・医療法人の登記事項の届出		個-2

ポイント解説

　医療法人は、決算申告後に資産の総額の変更登記が必要です。資産の総額とは、「資産の部の合計」から「負債の部の合計」を減じた金額のことで、一般的には貸借対照表における純資産の額を指します。申請期限は毎事業年度末日から3か月以内とされています。登録免許税は不要です。

　まず、法務局に資産の総額の変更登記を申請します。登記には「資産の総額を証する書面」として財産目録または資産の総額が判明する貸借対照表が必要です。

　登記が終わったら次に、都道府県に医療法人の登記事項の届出を提出します。もし医療法人が設立以降、ずっと資産の総額の変更登記をしていない場合は、過去に遡って資産の総額の変更登記を行う必要があります。もし登記漏れが発覚した場合は、速やかに変更登記を行ってください。

第1編　一連の手続き

◆ 連-9　医療法人の決算②－医療法人決算届・経営情報の報告

届出先＆手続名	届出順	個別手続番号
都道府県 ・医療法人決算届の提出 ・医療法人の経営状況に関する報告	事後	個-4 個-3 個-5

ポイント解説

　医療法人は決算申告をした後に、都道府県に対して医療法人決算届を提出しなければなりません。
〈添付書類〉
　・事業報告書
　・財産目録
　・貸借対照表
　・損益計算書
　・関係事業者との取引の状況に関する報告書ならびに監事の監査報告書

　また令和5年8月以降に決算期を迎えた医療法人は、医療法人決算届とは別に、病院・診療所の経営情報の報告が義務化されました。従来の決算届より詳細な損益の状況と職種別給与情報およびその人数に関する情報を報告する必要があります。

　なお、介護保険法の改正に伴い令和6年4月より、介護サービス事業者も介護施設の経営情報の報告が義務化されています。

連-10 医療法人の主たる事務所のみの移転

◆ 連-10 医療法人の主たる事務所のみの移転（同一都道府県内
　　　　　での移転の場合）

届出先＆手続名	届出順	個別手続番号
法務局 ・医療法人変更登記申請		個 - 1
都道府県 ・医療法人の登記事項の届出 ・定款変更届の提出		個 - 2 個 - 6
税務署、都道府県税事務所、市区町村 ・異動届出		個-73 個-78 個-79
税務署 ・給与支払事務所等の移転届出		個-74
地方厚生局 ・保険医療機関（生活保護法指定医療機関）届出事項変更（異動）届の提出	事後	個-29
保健所 ・診療所開設許可（届出）事項一部変更届の提出		個-14
都道府県労働局（労災保険を扱う場合のみ） ・労災保険指定医療機関変更届の提出		個-42
都道府県精神保健衛生課等 （自立支援医療を扱う場合のみ） ・指定自立支援医療機関（精神通院医療）変更申請書兼変更届の提出		個-46
都道府県福祉事務所（生活保護を扱う場合のみ） ・生活保護法指定医療機関変更届出書の提出		個-38
年金事務所または健康保険組合 ・健康保険・厚生年金保険事業所関係変更（訂正）届の提出		個-104

医療法人

届出先＆手続名	届出順	個別手続番号
労働基準監督署 ・労働保険名称、所在地等変更届の提出	事後	個-86
公共職業安定所 ・雇用保険事業主事業所各種変更届の提出		個-87

ポイント解説

　主たる事務所とは一般企業でいう「本店」のことを指します。例えば、大手デパートやショッピングセンター等の本店には店舗は併設されていないことが多いです。このように一般企業では本店と店舗は別のことが多いですが、医療法人の場合は本院に主たる事務所を置くことが一般的です。しかし、医療法人であっても主たる事務所＝本院とは限らず、本院以外の場所に主たる事務所を置くことは可能です。

　医療法人が同一都道府県内で主たる事務所の所在地を移転する場合は、都道府県の認可は必要ありません。

　まず法務局に主たる事務所の移転登記を申請します。その登記が終わったら、都道府県に対して医療法人登記事項の届出や定款変更届を提出するほか、税務署、都道府県税事務所、市区町村、保健所、地方厚生局などにも変更届を提出します。

連-11 医療法人の主たる事務所のみの移転

◆ 連-11 医療法人の主たる事務所のみの移転（都道府県をまたぐ移転の場合）

届出先＆手続名	届出順	個別手続番号
法務局 ・医療法人変更登記申請	事後	個-1
都道府県 ・医療法人定款変更認可申請	事前	個-7
・医療法人の登記事項の届出		個-2
税務署、都道府県税事務所、市区町村 ・異動届出		個-73 個-78 個-79
税務署 ・給与支払事務所等の移転届出		個-74
地方厚生局 ・保険医療機関（生活保護法指定医療機関）届出事項変更（異動）届の提出		個-29
保健所 ・診療所開設許可（届出）事項一部変更届の提出	事後	個-14
都道府県労働局（労災保険を扱う場合のみ） ・労災保険指定医療機関変更届の提出		個-42
都道府県精神保健衛生課等 （自立支援器量を扱う場合のみ） ・指定自立支援医療機関（精神通院医療）変更申請書兼変更届の提出		個-46
都道府県福祉事務所（生活保護を扱う場合のみ） ・生活保護法指定医療機関変更届出書の提出		個-38
年金事務所または健康保険組合 ・健康保険・厚生年金保険事業所関係変更（訂正）届の提出		個-104

届出先＆手続名	届出順	個別手続番号
労働基準監督署 ・労働保険名称、所在地等変更届の提出	事後	個-86
公共職業安定所 ・雇用保険事業主事業所各種変更届の提出		個-87

ポイント解説

　主たる事務所の都道府県をまたぐ移転の場合は、医療法人の所管が別の都道府県となるため、移転前の都道府県に対して事前に定款変更認可申請が必要となります。

　移転前の都道府県から認可が得られた後は、法務局で主たる事務所の移転登記を行い、その登記が終わった後に、移転後の都道府県に医療法人登記事項の届出を提出するほか、税務署、都道府県税事務所、市区町村、保健所、厚生局などにも変更届を提出します。

連-12 医療法人が開設している診療所の移転

◆ 連-12　医療法人が開設している診療所の移転

届出先＆手続名	届出順	個別手続番号
都道府県		
・医療法人定款変更認可申請	事前	個-7
・医療法人の登記事項の届出	事後	個-2
法務局	事後	
・医療法人変更登記申請		個-1
保健所		
・診療所開設許可申請	事前	個-13
・診療所開設届の提出	事後	個-11
・診療所廃止届の提出	事後	個-12
税務署、都道府県税事務所、市区町村	事後	
・異動届出		個-73
		個-78
		個-79
税務署	事後	
・給与支払事務所等の移転届出		個-74
地方厚生局		
・医療機関等向けポータルサイトでのコード変更（承認申請）		個-36
・保険医療機関指定申請	算定前	個-27
・保険医療機関の廃止届の提出	事後	個-33
・施設基準の届出	算定前	個-28
・保険外併用療養費の実施（変更）の報告	事後	個-30
都道府県労働局（労災保険を扱う場合のみ）		
・労災保険指定医療機関指定申請	算定前	個-41
・労災保険指定医療機関辞退届の提出	事後	個-44

医療法人

届出先＆手続名	届出順	個別手続番号
都道府県精神保健衛生課等 （自立支援医療を扱う場合のみ）		
・指定自立支援医療機関（精神通院医療）指定申請	算定前	個-45
・指定自立支援医療機関（精神通院医療）廃止届の提出	事後	個-48
都道府県福祉事務所（生活保護を扱う場合のみ）		
・生活保護法指定医療機関指定申請	算定前	個-37
・生活保護法指定医療機関廃止届の提出		個-40
消防署（建物の面積や収容人数によって異なる）		
・防火対象物使用開始届出書の提出		個-57
・防火防災管理者選任（解任）届出書の提出		個-58
・消防計画作成（変更）届出書の提出		個-59
年金事務所または健康保険組合	事後	
・健康保険・厚生年金保険事業所関係変更（訂正）届の提出		個-104
労働基準監督署		
・労働保険名称、所在地等変更届の提出		個-86
公共職業安定所		
・雇用保険事業主事業所各種変更届の提出		個-87

🍃 ポイント解説

　診療所移転には本院の移転と分院の移転があり、本院の移転には主たる事務所を一緒に移転する場合と、主たる事務所は移転しない場合がありますが、ここで紹介している手続きは本院と一緒に主たる事務所を移転する場合です。

　分院の移転の場合には、税務署に対する給与支払事務所等の開設・移転・廃止の届出や、年金事務所または健康保険組合、労働基準監督署、公共職業安定所への届出が不要となる場合が多いです。ただ

連-12 医療法人が開設している診療所の移転

し、本院とは別に分院も給与支払事務所となっている場合や社会保険の一元適用事業所の適用申請をしていない場合等には届出が必要となるので、詳しいことは顧問の税理士や社会保険労務士に確認してください。

また、本院の移転で主たる事務所は移転しない場合でも顧問の税理士や社会保険労務士に確認してください。

診療所移転の場合、保健所と地方厚生局への手続きはすべて「新規開設」と「廃止」という2つの手続きが必要となります。移転または変更という手続きは存在しません。

必要な手続きは、まず都道府県に定款変更認可を申請します。定款変更認可申請には新たに開設する移転先の診療所の図面が必要なので、事前に保健所で相談をしておくことをお勧めします。

また地方厚生局に対して期日を遡及して指定を受ける場合も移転の距離によっては遡及が適用されない場合もあるので、事前に地方厚生局に相談をしておくことをお勧めします。

都道府県の認可が得られた後に、まず法務局に対して変更登記を行い、その後に保健所に対して診療所開設許可申請をする必要があります。

なお、登記が完了した時点で、都道府県に対して医療法人登記事項の届出を提出する必要があります。

保健所の許可が得られてようやく移転後の診療所を開設できるので、移転先の保健所や地方厚生局への開設の手続き、移転前の保健所や地方厚生局への廃止の手続きとともに、税務署、都道府県税事務所、市区町村などにも変更届を提出します。

また、新たに開設する移転先の診療所の構造や広さによっては、防火対象物使用開始届出書を提出するとともに、防火防災管理責任者を選任して消防計画を消防署に提出する必要があります。診療所で使う建物はほぼすべて防火対象物となるので、消火器は150㎡、自動火災報知設備は延面積が300㎡以上、消防機関へ通報する火災

報知装置は 500㎡以上で設置が義務となります。さらに収容人数が 30 人以上の診療所は防火防災管理者の選任が必要となります。

●他に必要がある可能性がある手続き

手続名	個別手続番号
・身体障害者福祉法第15条第1項の規定による医師（15条指定医）の変更届出	個-64
・診療用エックス線装置設置届、変更届、廃止届の提出（診療用エックス線装置等を設置、廃止した場合）	個-19
・機械等移転（設置）届、（変更）届の提出（診療用エックス線装置を設置、廃止した場合）	個-55
・高周波利用設備許可申請、変更許可申請、廃止届の提出（電気メスや MRI を設置、廃止した場合）	個-56
※麻酔科標榜・麻薬関係に関する手続きは 個-49 ～ 個-54 を、エックス線、電気メス、MRI 以外の放射線治療装置等の医療機器を設置、廃止した場合の手続きは 個-20 ～ 個-25 を、1 回の提供食数が 20 食程度以上の給食施設に関する手続きは 個-26 を参照してください。また、看板等に関する手続きは 個-69 ～ 個-71 の手続きを参照してください。

連-13 分院の開設

◆ 連-13　分院の開設

届出先＆手続名	届出順	個別手続番号
都道府県		
・医療法人定款変更認可申請	事前	個 - 7
・医療法人の登記事項の届出		個 - 2
法務局		
・医療法人変更登記申請	事後	個 - 1
税務署、都道府県税事務所、市区町村		
・異動届出		個-73
		個-78
		個-79
保健所		
・診療所開設許可申請	事前	個-13
・診療所開設届の提出		個-11
地方厚生局		
・オンライン資格確認の導入のための受付番号の情報提供依頼（保険医療機関指定申請と同時にオンライン資格確認を始める場合）	事後	個-34
・医療機関等向けポータルサイトへのアカウント登録		個-35
・保険医療機関指定申請	算定前	個-27
・施設基準の届出		個-28
・保険外併用療養費の実施（変更）の報告	事後	個-30
都道府県労働局（労災保険を扱う場合のみ）		
・労災保険指定医療機関指定申請	算定前	個-41
都道府県精神保健衛生課等		
（自立支援医療を扱う場合のみ）		
・指定自立支援医療機関（精神通院医療）指定申請	算定前	個-45
都道府県福祉事務所（生活保護を扱う場合のみ）		
・生活保護法指定医療機関指定申請	算定前	個-37

届出先＆手続名	届出順	個別手続番号
年金事務所または健康保険組合 ・健康保険・厚生年金保険新規適用届の提出		個-94
労働基準監督署 ・保険関係成立届の提出、概算保険料申告		個-82
公共職業安定所 ・雇用保険適用事業所設置届の提出	事後	個-83
消防署（建物の面積や収容人数によって異なる） ・防火対象物使用開始届出書の提出 ・防火防災管理者選任（解任）届出書の提出 ・消防計画作成（変更）届出書の提出		個-57 個-58 個-59

ポイント解説

　分院の開設は、医療法人等の法人に限られています。個人開設の場合は、分院を開設することは原則としてできません。

　医療法人で分院を開設する場合、まず都道府県に対して定款変更認可を申請しますが、定款変更認可申請には新たに開設する分院の診療所名称や図面が必要なので、事前に保健所で相談をしておくことをお勧めします。

　都道府県の認可が得られた後に、まず法務局に対して変更登記を行い、その後に保健所に対して診療所開設許可申請をする必要があります。なお、登記が完了した時点で都道府県に対して医療法人登記事項の届出を提出する必要があります。

　保健所の許可が得られてようやく分院を開設できるので、分院が所在する地域の保健所や地方厚生局への開設の手続きとともに、税務署、都道府県税事務所、市区町村などにも変更届を提出します。

　また、分院の構造や広さによっては、防火対象物使用開始届出書を提出するとともに、防火防災管理責任者を選任して消防計画を消防署に提出する必要があります。診療所で使う建物はほぼすべて防

連-13 分院の開設

火対象物となるので、消火器は150㎡、自動火災報知設備は延面積が300㎡以上、消防機関へ通報する火災報知装置は500㎡以上で設置が義務となります。さらに収容人数が30人以上の診療所は、防火防災管理者の選任が必要となります。

年金事務所または健康保険組合への社会保険手続や、労働基準監督署への労災保険手続、公共職業安定所への雇用保険手続は、事業所単位が原則ですが、社会保険は一括適用の承認申請、労災保険や雇用保険は継続事業一括認可申請を行えば本院で一括して手続きを行うことができます。

ところで、分院の管理者は原則として理事でなければならないので、もし分院の管理者を新たに理事に加える場合には「理事長以外の役員の変更」の手続きも必要となります。

●他に必要がある可能性がある手続き

手続名	個別手続番号
・身体障害者福祉法第15条第1項の規定による医師（15条指定医）の変更届出	個-64
・診療用エックス線装置設置届、変更届、廃止届の提出（診療用エックス線装置等を設置、廃止した場合）	個-19
・機械等移転（設置）届、（変更）届の提出（診療用エックス線装置を設置、廃止した場合）	個-55
・高周波利用設備許可申請、変更許可申請、廃止届の提出（電気メスやMRIを設置、廃止した場合）	個-56
※麻酔科標榜・麻薬関係に関する手続きは 個-49 ～ 個-54 を、エックス線、電気メス、MRI以外の放射線治療装置等の医療機器を設置、廃止した場合の手続きは 個-20 ～ 個-25 を、1回の提供食数が20食程度以上の給食施設に関する手続きは 個-26 を参照してください。また、看板等に関する手続きは 個-69 ～ 個-71 の手続きを参照してください。

第1編　一連の手続き

◆ 連-14　分院の廃止

届出先＆手続名	届出順	個別手続番号
都道府県	事後	
・医療法人定款変更認可申請		個-7
・医療法人の登記事項の届出		個-2
法務局		
・医療法人変更登記申請		個-1
税務署、都道府県税事務所、市区町村		
・異動届出		個-73
		個-78
		個-79
保健所		
・診療所廃止届の提出		個-12
地方厚生局		
・保険医療機関の廃止届の提出		個-33
都道府県労働局（労災保険を扱う場合のみ）		
・労災保険指定医療機関辞退届の提出		個-44
都道府県精神保健衛生課等 （自立支援医療を扱う場合のみ）		
・指定自立支援医療機関（精神通院医療）辞退申出書の提出	事前	個-48
・指定自立支援医療機関（精神通院医療）廃止届の提出		個-48
都道府県福祉事務所（生活保護を扱う場合のみ）		
・生活保護法指定医療機関廃止届の提出		個-40
年金事務所または健康保険組合	事後	
・健康保険・厚生年金保険適用事業所全喪届の提出		個-105
労働基準監督署		
・労働保険適用事業所廃止		個-89
公共職業安定所		
・雇用保険適用事業所廃止		個-90

届出先&手続名	届出順	個別手続番号
消防署（建物の面積や収容人数によって異なる） ・防火防災管理者選任（解任）届出書の提出	事後	個-58

ポイント解説

　自立支援医療を扱う分院を廃止する場合、廃止する1か月前までに都道府県精神保健衛生課等に対して指定自立支援医療機関辞退申出書を提出する必要があります。そして分院を廃止してから保健所、地方厚生局、都道府県税事務所、市役所等に届出を行います。

　その後、都道府県に対して定款変更認可申請を行います。分院を廃止する場合、定款変更認可申請は、原則として廃止後に行います。廃止前ではありません。廃止の場合の定款変更認可申請も事前だと勘違いする人がいますが、診療所の廃止は計画的に行うとは限りません。予期せぬ事情で予定外に廃止することが多いので事前の認可申請はそもそも無理ですし、もし事前に廃止の認可申請を行った場合、先に定款から廃止"予定"の診療所の名称および開設場所が削除されてしまう可能性があります。たとえ廃止"予定"であっても定款に定められていない診療所を開設することは医療法違反となるので、廃止後に定款変更するのが正しい手続きとなります。

　都道府県の認可が得られた後に、法務局に対して変更登記を行い、今度は都道府県に対して医療法人登記事項の届出を提出します。

　防火防災管理責任者を選任している場合には、消防署に対して防火防災管理者解任届出書を提出する必要があります。

　年金事務所または健康保険組合への社会保険手続は事業所単位が原則ですが、一括適用の申請をしている場合は、分院の廃止に伴い特に行うべき手続きはありません。ただし、一括適用を申請していない場合は適用事業所全喪失の手続きが必要です。

　労働基準監督署への労災保険手続、公共職業安定所への雇用保

第1編　一連の手続き

手続は、事業所単位が原則ですが、労災保険や雇用保険の継続事業一括認可申請している場合は一括認可の取消申請をしなければなりません。ただし、継続事業一括認可申請をしていない場合は廃止届の提出が必要です。

●他に必要がある可能性がある手続き

手続名	個別手続番号
・身体障害者福祉法第15条第1項の規定による医師（15条指定医）の変更届出	個-64
・診療用エックス線装置設置届、変更届、廃止届の提出（診療用エックス線装置等を設置、廃止した場合）	個-19
・機械等移転（設置）届、（変更）届の提出（診療用エックス線装置を設置、廃止した場合）	個-55
・高周波利用設備許可申請、変更許可申請、廃止届の提出（電気メスやMRIを設置、廃止した場合）	個-56
※麻酔科標榜・麻薬関係に関する手続きは 個-49 ～ 個-54 を、エックス線、電気メス、MRI以外の放射線治療装置等の医療機器を設置、廃止した場合の手続きは 個-20 ～ 個-25 を、1回の提供食数が20食程度以上の給食施設に関する手続きは 個-26 を参照してください。また、看板等に関する手続きは 個-69 ～ 個-71 の手続きを参照してください。	

連-15 附帯業務の追加・廃止

◆ 連-15　附帯業務の追加・廃止

届出先＆手続名	届出順	個別手続番号
都道府県	事前	
・医療法人定款変更認可申請		個-7
・医療法人の登記事項の届出		個-2
法務局	事後	
・医療法人変更登記申請		個-1

ポイント解説

　医療法人は、本来業務として病院、診療所、介護老人保健施設または介護医療院を運営する一方で、医療法第42条に定める附帯業務を行うことができます。附帯業務を行う場合は、事前に都道府県への定款変更認可申請が必要です。なお、附帯業務を廃止するときは廃止後に定款変更認可申請を行います。

　医療法第42条で定める附帯業務は、以下のようなものがあります。
・第1号：医療関係者の養成または再教育
・第2号：医学または歯学に関する研究所の設置
・第3号：医療法第39条第1項に規定する診療所以外の診療所の開設
・第4号：疾病予防のための有酸素運動施設の設置
・第5号：疾病予防のための温泉利用施設の設置
・第6号：保健衛生に関する業務
・第7号：社会福祉法に基づく特定の事業の実施
・第8号：有料老人ホームの設置

　都道府県から認可が得られた後に、法務局で変更登記を申請し、最後に都道府県に対して医療法人の登記事項の届出を提出することで医療法上の手続きは完了します。

　ただし、たとえば第6号保健衛生に関する業務として介護保険法

に規定する通所介護や通所リハビリテーション等の介護保険施設を開設する場合は、別途介護保険施設としての手続きが必要です。

 実務のツボ！お役立ちアドバイス

みなし指定の事業は定款変更は不要

　保険医療機関は介護保険法による訪問看護、訪問リハビリテーション、居宅療養管理指導等の医療系サービスの事業者として指定されたものとみなす制度があります。これを「みなし指定」といいます。

　また、介護老人保健施設または介護医療院は訪問リハビリテーション、通所リハビリテーション、短期入所療養介護の事業者としてみなし指定されます。医療法人の場合、みなし指定された事業は定款を変更することなく事業を行うことができます。

　厚生労働省の「医療法人の附帯業務について」という通知の別添の資料に、みなし指定の事業は本来業務とされているからです。

　医療法人の本来業務は、病院、診療所、介護老人保健施設または介護医療院の開設です。したがって、本来業務として診療所（保険医療機関に限る）、介護老人保健施設または介護医療院が定款で定められているときは、それぞれのみなし指定の事業を定款変更をすることなく行うことができます。

◆みなし指定となる事業（それぞれ介護予防を含む）

診療所 （保険医療機関に限る）	訪問看護（訪問看護ステーションを除く） 訪問リハビリテーション 通所リハビリテーション 居宅療養管理指導 短期入所療養介護
介護老人保健施設 介護医療院	訪問リハビリテーション 通所リハビリテーション 短期入所療養介護

◆ 連-16　会計年度の変更

届出先＆手続名	届出順	個別手続番号
都道府県		
・医療法人定款変更認可申請	事前	個-7
税務署、都道府県税事務所、市区町村	事後	個-73
・異動届出		個-78
		個-79
保健所		
・診療所開設許可（届出）事項一部変更届の提出		個-14

ポイント解説

　医療法人の会計年度の変更には、事前に都道府県に対して定款変更認可申請をしなければなりません。なお、会計年度は登記事項ではないので、法務局への登記は不要です。

　都道府県の認可が得られた後に、税務署、都道府県税事務所、市区町村に対する異動届出書の提出と、保健所に対して定款を変更したことを届け出る必要があります。

第1編　一連の手続き

◆ 連-17　役員の定数の変更

届出先＆手続名	届出順	個別手続番号
都道府県 ・医療法人定款変更認可申請	事後	個-7

🍃 ポイント解説

　医療法人の役員の定数は、医療法第46条の5第1項により、理事3人以上、監事1人以上を置くことが定められています。この役員の定数は定款にも記載されているので、役員の定数を変更するときは事前に都道府県に対して定款変更認可申請をしなければなりません。

　なお、定款の変更は、都道府県の認可を得なければその効力を生じないので、都道府県の認可を得ずに役員の定数を変更することはできません。

連-18 持分のある法人から持分のない法人への定款変更①

◆ 連-18 持分のある法人から持分のない法人への定款変更① （認定を受けない場合）

届出先＆手続名	届出順	個別手続番号
都道府県 ・医療法人定款変更認可申請	事前	個-7
税務署、都道府県税事務所、市区町村 ・異動届出	事後	個-73 個-78 個-79
保健所 ・診療所開設許可（届出）事項一部変更届の提出		個-14

ポイント解説

　平成19年3月31日以前に設立された医療法人は出資持分のある法人（経過措置型医療法人）で、平成19年4月1日以降に設立された医療法人は出資持分のない法人（一般的には基金拠出型医療法人）です。持分のある法人から持分のない法人に移行することは可能ですが、持分のない法人から持分のある法人への移行はできません。

　医療法人の出資持分は設立時は定款に別段の定めがある場合を除き一口1円ですが、持分のない法人に移行するときの出資持分の評価額が一口2円以上になっている場合は原則として、医療法人に対してみなし贈与税が課されます。

　ただし、次の4つのいずれかに該当する時は非課税で移行することができます。

1　社会医療法人
2　特定医療法人
3　相続税法で定める非課税要件をクリア

4 認定医療法人（持分なし医療法人への移行計画の認定を受けた医療法人のこと）

このうち社会医療法人と特定医療法人を除いた持分なし法人への移行の方法をまとめると、下記の4つとなります。
1 認定医療法人で非課税で移行
2 相続税法で定める非課税要件をクリアして非課税で移行
3 医療法人でみなし贈与税を納付して移行
4 出資持分の評価額がないまたは一口1円以下なので課税の対象外となり無税で移行

このうち2～4の手続きは同じです。まず、事前に都道府県に対して定款変更認可申請をします。なお、出資金は登記事項ではないので、法務局への登記は不要です。

都道府県の認可が得られた後に、税務署、都道府県税事務所、市区町村に対する異動届出書の提出と、保健所に対して定款を変更したことを届け出る必要があります。

ちなみに上記3の場合は、持分なし法人に移行した翌年の2月1日から3月15日までの間に贈与税の申告および納付をすることになります。

連-19 持分のある法人から持分のない法人への定款変更②

◆ 連-19 持分のある法人から持分のない法人への定款変更② （認定を受ける場合）

届出先＆手続名	届出順	個別手続番号
厚生労働省		
・移行計画の認定申請	事前	※
都道府県		
・医療法人定款変更認可申請	事前	個-7
税務署、都道府県税事務所、市区町村		
・異動届出	事後	個-73 個-78 個-79
保健所		
・診療所開設許可（届出）事項一部変更届の提出		個-14

※移行計画の認定申請は、厚生労働省の「持分の定めのない医療法人への移行計画の認定申請について」をご確認ください。

ポイント解説

　平成19年3月31日以前に設立された医療法人は出資持分のある法人（経過措置型医療法人）で、平成19年4月1日以降に設立された医療法人は出資持分のない法人（一般的には基金拠出型医療法人）です。持分のある法人から持分のない法人に移行することは可能ですが、持分のない法人から持分のある法人への移行はできません。

　医療法人の出資持分は設立時は定款に別段の定めがある場合を除き一口1円ですが、持分のない法人に移行するときの出資持分の評価額が一口2円以上になっている場合は原則として、医療法人に対してみなし贈与税が課されます。

　ただし、次の4つのいずれかに該当する時は非課税で移行することができます。

1　社会医療法人

第1編　一連の手続き

　2　特定医療法人
　3　相続税法で定める非課税要件をクリア
　4　認定医療法人（持分なし医療法人への移行計画の認定を受け
　　た医療法人のこと）

　このうち社会医療法人と特定医療法人を除いた持分なし法人への
移行の方法をまとめると、下記の4つとなります。
　1　認定医療法人で非課税で移行
　2　相続税法で定める非課税要件をクリアして非課税で移行
　3　医療法人でみなし贈与税を納付して移行
　4　出資持分の評価額がない、または一口1円以下なので課税の
　　対象外となり無税で移行

　このうち1の手続きについて簡単に説明すると、まず厚生労働省
に対して持分なし医療法人への移行計画の認定申請を行います。認
定を取得した後に、都道府県に対して定款変更認可申請をします。
　なお、出資金は登記事項ではないので、法務局への登記は不要です。
　都道府県の認可が得られた後に、税務署、都道府県税事務所、市
区町村に対する異動届出書の提出と、保健所に対して定款を変更し
たことを届け出る必要があります。
　また、厚生労働省に対して都道府県の認可日から3か月以内に持
分処分・残余財産の定款変更の報告をするとともに、認可を受けて
から6年間は厚生労働省に対して運営状況の報告が必要となります。
　さらに、相続税の申告期限までに特定の適用を受けるための相続
税の申告、または持分なし法人に移行した翌年の2月1日から3月
15日までの間に特例の適用を受けるための贈与税の申告が必要で
す。この申告をしないと相続税または贈与税の納税が猶予がされな
いので、必ず申告が必要です。

連-20 医療法人名称の変更

◆ 連-20　医療法人名称の変更

届出先＆手続名	届出順	個別手続番号
都道府県		
・医療法人定款変更認可申請	事前	個 - 7
・医療法人の登記事項の届出		個 - 2
法務局		
・医療法人変更登記申請		個 - 1
税務署、都道府県税事務所、市区町村		
・異動届出		個-73
		個-78
		個-79
地方厚生局		
・保険医療機関（生活保護法指定医療機関）届出事項変更（異動）届の提出		個-29
保健所		
・診療所開設許可（届出）事項一部変更届の提出		個-14
都道府県労働局（労災保険を扱う場合のみ）	事後	
・労災保険指定医療機関変更届の提出		個-42
都道府県精神保健衛生課等		
（自立支援医療を扱う場合のみ）		
・指定自立支援医療機関（精神通院医療）変更申請書兼変更届		個-46
都道府県福祉事務所（生活保護を扱う場合のみ）		
・生活保護法指定医療機関変更届出書の提出		個-38
年金事務所または健康保険組合		
・健康保険・厚生年金保険事業所関係変更（訂正）届の提出		個-104
労働基準監督署		
・労働保険名称、所在地等変更届の提出		個-86
公共職業安定所		
・雇用保険事業主事業所各種変更届の提出		個-87

医療法人

51

ポイント解説

　医療法人の名称は変更が可能ですが、事前に都道府県への定款変更認可申請が必要です。

　都道府県の認可が得られた後に、まず法務局に対して変更登記を行い、その後に都道府県に対して医療法人の登記事項の届出を提出するほか、保健所、税務署、都道府県税事務所、市区町村などにも変更届を提出します。

　なお、都道府県によって医療法人の名称には制限があるので、定款変更認可申請の前に事前相談することをお勧めします。

◆東京都「医療法人設立の手引き」

(1)　「医療法人社団」「医療法人財団」は必ず表記してください。
(2)　誇大な名称は避けてください。（例）○○クラブ、○○研究会、○○グループ、セントラル、○○センター、第一○○、優良○○
(3)　国名、都道府県名、区名及び市町村名を用いないでください。
(4)　既存の医療法人（都内、他県の隣接地域にあるものを含む。）の名称と、同一又は紛らわしい表記は避けてください。
(5)　取引会社等関係がある営利法人等の名称は用いないでください。
(6)　診療科名を単独で法人名に使用することはできません。ただし、固有名詞（「クリニック」等）と組み合わせて使用することは可能です。
(7)　広告可能な診療科名として認められていないものを名称の中に含めることはできません。詳細は、「医業若しくは歯科医業又は病院若しくは診療所に関する広告等に関する指針

連-20 医療法人名称の変更

(医療広告ガイドライン)(平成30年5月8日付医政発0508第1号)」を参照してください。
(8) 当て字等で通常の漢字と異なる読み方になるもの(アルファベット表記で読めないものを含む。)は避けてください。
(9) 設立認可申請の際は、重複等がないか医療法人名簿でご確認のうえ、事前に医療安全課医療法人担当に医療法人名称の照会を行ってください。

(令和元年6月版)より抜粋

◆千葉県「医療法人設立認可申請に当たって」

医療法人社団 ○○会《一般的な形式 「社団」「財団」の区別を表示》

　名称については、県内における類似名称の使用を避けるため、事前に使用の可否の確認を行っています。また、診療科名を単独で名称に用いたり、誇大な名称等は使用できません。

　名称候補が決定次第、事前審査前に千葉県医療整備課又は千葉市医療政策課までメールで照会してください。(漢字誤り等の防止のため、メールでの照会をお願いしています。)

　なお、照会に当たっては、対象の診療所名を御記入いただくとともに、法人名称については、読み仮名を( )書きで付けてください。また、特異な名称については、由来についても併せて御記入ください。

第 1 編　一連の手続き

◆神奈川県「医療法人設立の手引き」

社団医療法人の定款例

医療法人〇〇会定款

第 1 章 名称及び事務所
　（名称）
第 1 条 本社団は、医療法人〇〇会と称する。

※　東京都は「医療法人社団」「医療法人財団」は必ず表記することを求めているが、神奈川県は医療法人だけで社団や財団は付けない。

連-21 医療法人が開設する診療所の名称変更

◆ 連-21　医療法人が開設する診療所の名称変更

届出先＆手続名	届出順	個別手続番号
都道府県		
・医療法人定款変更認可申請	事前	個-7
・医療法人の登記事項の届出		個-2
法務局		
・医療法人変更登記申請	事後	個-1
地方厚生局		
・保険医療機関（生活保護法指定医療機関）届出事項変更（異動）届の提出		個-29
保健所		
・診療所開設許可（届出）事項一部変更届の提出		個-14
都道府県労働局（労災保険を扱う場合のみ）		
・労災保険指定医療機関変更届の提出		個-42
都道府県精神保健衛生課等 （自立支援医療を扱う場合のみ）		
・指定自立支援医療機関（精神通院医療）変更申請書兼変更届の提出		個-46
都道府県福祉事務所（生活保護を扱う場合のみ）		
・生活保護法指定医療機関変更届出書の提出		個-38
年金事務所または健康保険組合		
・健康保険・厚生年金保険事業所関係変更（訂正）届の提出		個-104
労働基準監督署		
・労働保険名称、所在地等変更届の提出		個-86
公共職業安定所		
・雇用保険事業主事業所各種変更届の提出		個-87

医療法人

ポイント解説

　診療所の名称は変更が可能ですが、事前に都道府県への定款変更認可申請が必要です。

　都道府県の認可が得られた後に、まず法務局に対して変更登記を行い、その後に都道府県に対して医療法人の登記事項の届出を提出するほか、保健所、税務署、都道府県税事務所、市区町村などにも変更届を提出します。

　ただし、年金事務所または健康保険組合、労働基準監督署、公共職業安定所は法人名ではなく診療所名で届け出ている場合のみ届出が必要です。

　なお、診療所の名称は誰が見ても診療所とわかるもので、かつ医療広告規制に抵触しないものでなくてはなりません。また、近隣に同一の名称や類似の名称の診療所等が既にある場合は、名称の変更をお願いされる場合もあるので、事前に保健所で相談をしておくことをお勧めします。

連-21 医療法人が開設する診療所の名称変更

診療所の名称に関するローカルルール

その診療所の名称が使えるどうか判断するのは都道府県ではなく、管轄の保健所です。そして、保健所のなかには、診療所の名称についてローカルルールがあるところもあります。

例1　江東区保健所の診療所名称に関する規定

誰が見ても診療所と判断できる、わかりやすい名称にしてください。
　→診療所の名称として好ましくない語句の例
　　＊優良等他の診療所等より優れていると思わせるような語句
　　＊○○会等個人開設であるにもかかわらず法人と誤認させるような語句
　　＊○○病院診療所・□□病院分院等、病院と紛らわしい語句
　→診療所の名称として使用できる語句の例
　　＊医師の名　＊診療科目　＊ビルの名称　＊町名

例2　大阪市保健所の診療所名称に関する規定

診療所の名称については、医療法に違反する名称でないことはもちろんのことですが、大阪市としては、市民や患者に対して医療機関であることが容易に認識できるよう、原則として診療所名称には、『開設者の姓を冠し、次の範囲内の名称であること』を届出時等に診療所に対して指導しています。
　　1.診療所　　2.クリニック　　3.医院　　4.診療科目
　その他、医療広告ガイドライン等に反するなど、不適切な診療所名称は避けるよう指導しています。

第1編　一連の手続き

◆ 連-22　診療所管理者の変更

届出先＆手続名	届出順	個別手続番号
保健所 ・診療所開設許可（届出）事項一部変更届の提出	事後	個-14
地方厚生局 ・保険医療機関（生活保護法指定医療機関）届出事項変更（異動）届の提出		個-29
都道府県労働局（労災保険を扱う場合のみ） ・労災保険指定医療機関変更届の提出		個-42
都道府県福祉事務所（生活保護を扱う場合のみ） ・生活保護法指定医療機関変更届出書の提出		個-38

ポイント解説

　個人開設の診療所の場合は原則として開設者と管理者が同一人のため、管理者の変更という手続きはありません。したがって、管理者変更の手続きは医療法人の場合のみとなります。

　自立支援医療を扱っている場合は管理者の変更だけであれば届け出る必要はありませんが、主として担当する医師が変更となる場合は、都道府県精神保健衛生課等に対して 個-46 の指定自立支援医療機関（精神通院医療）変更申請書兼変更届を提出します。

　ただし、個人開設の診療所でも 個-16 の他者管理の許可申請を行い、許可が認められた場合は管理者の変更の手続きがあり得ます。他者管理の詳しい内容は、個-16 を参照ください。

　ところで、診療所の管理者は原則として理事でなければならないので、もし診療所の管理者を新たに理事に加える場合には「理事長以外の役員の変更」の手続きも必要となります。

連-23 本院廃止①－本院（診療所）の廃止手続

◆ 連-23　本院廃止①－本院（診療所）の廃止手続

届出先＆手続名	届出順	個別手続番号
都道府県	事後	
・医療法人定款変更認可申請		個-7
・医療法人の登記事項の届出		個-2
法務局		
・医療法人変更登記申請		個-1
保健所		
・診療所廃止届の提出		個-12
地方厚生局		
・保険医療機関の廃止届の提出		個-33
都道府県労働局（労災保険を扱う場合のみ）		
・労災保険指定医療機関辞退届の提出		個-44
都道府県精神保健衛生課等		
（自立支援医療を扱う場合のみ）		
・指定自立支援医療機関（精神通院医療）辞退申出書の提出	事前	個-48
・指定自立支援医療機関（精神通院医療）廃止届の提出		個-48
都道府県福祉事務所（生活保護を扱う場合のみ）		
・生活保護法指定医療機関廃止届の提出		個-40
年金事務所または健康保険組合	事後	
・健康保険・厚生年金保険適用事業所全喪届の提出		個-105
労働基準監督署		
・労働保険適用事業所廃止		個-89
公共職業安定所		
・雇用保険適用事業所廃止		個-90
消防署（建物の面積や収容人数によって異なる）		
・防火防災管理者選任（解任）届出書の提出		個-58

医療法人

59

第1編　一連の手続き

ポイント解説

　本院廃止の手続きは、「本院（診療所）廃止」と、「解散」に分けて考える必要があります。

　ここでは、本院（診療所）廃止の流れを解説します。

　自立支援医療を扱う本院を廃止する場合、廃止する1か月前までに都道府県精神保健衛生課等に対して指定自立支援医療機関（精神通院医療）辞退申出書を提出する必要があります。そして本院を廃止してから、保健所、地方厚生局等に届出を行います。

　ちなみに本院を廃止しても法人を解散したわけではないので、税務署、都道府県税事務所および市区町村に対する異動届出書は不要です。その後、都道府県に対して定款変更認可申請を行います。

　本院（診療所）を廃止する場合は、定款変更認可申請は原則として廃止後です。廃止前ではありません。廃止の場合の定款変更認可申請も事前だと勘違いする人がいますが、診療所の廃止は計画的に行うとは限りません。予期せぬ事情で予定外に廃止することが多いので事前の認可申請はそもそも無理ですし、もし事前に廃止の認可申請を行った場合、先に定款から廃止"予定"の診療所の名称および開設場所が削除されてしまう可能性が高いです。たとえ廃止"予定"であっても定款に定められていない診療所を開設することは医療法違反となるので、廃止後に定款変更するのが正しい手続きとなります。

　ただし、定款に「第○条に掲げる診療所のすべてを廃止したとき」という規定がある場合は、本院を廃止することで定款に定める診療所のすべてを廃止することに該当するので、その時点で医療法人を解散しなければなりません。その際、定款変更認可申請が必要かどうかは、都道府県に問合せをしたうえで判断することになります。解散するので定款変更認可申請は不要という場合と、解散する場合でも手続きとして定款変更認可申請が必要という場合があり得ます。

　なお、防火防災管理責任者の選任している場合には、消防署に対

連-23 本院廃止①－本院（診療所）の廃止手続

して防火防災管理者解任届出書を提出する必要があります。

　また、年金事務所または健康保険組合に対して適用事業所全喪届の手続きを、労働基準監督署および公共職業安定所に対して廃止届の手続きをしますが、本院（診療所）を廃止しても、事務等の職員に給与を支払い続ける場合や役員に対して報酬を支払い続ける場合は、適用事業所全喪届や廃止届は不要となります。

●他に必要がある可能性がある手続き

手続名	個別手続番号
・身体障害者福祉法第15条第1項の規定による医師（15条指定医）の変更届出	個-64
・診療用エックス線装置設置届、変更届、廃止届の提出（診療用エックス線装置等を設置、廃止した場合）	個-19
・機械等移転（設置）届、（変更）届の提出（診療用エックス線装置を設置、廃止した場合）	個-55
・高周波利用設備許可申請、変更許可申請、廃止届の提出（電気メスやMRIを設置、廃止した場合）	個-56
※麻酔科標榜・麻薬関係に関する手続きは 個-49 ～ 個-54 を、エックス線、電気メス、MRI以外の放射線治療装置等の医療機器を設置、廃止した場合の手続きは 個-20 ～ 個-25 を、1回の提供食数が20食程度以上の給食施設に関する手続きは 個-26 を参照してください。また、看板等に関する手続きは 個-69 ～ 個-71 の手続きを参照してください。

医療法人

第1編　一連の手続き

◆ 連-24　本院廃止②－解散の手続き

届出先＆手続名	届出順	個別手続番号
都道府県 ・医療法人解散届の提出 ・医療法人の登記事項の届出	事後	個-9 個-2
法務局 ・解散及び清算人選任登記		個-1
税務署、都道府県税事務所、市区町村 ・異動届出		個-73 個-78 個-79

ポイント解説

定款で定める解散事由に該当する場合、都道府県に対して解散届を提出しなければなりません。

[1] 解散事由

医療法第55条第1項に、社団たる医療法人の解散事由について、次のように定めています。

一　定款をもつて定めた解散事由の発生
二　目的たる業務の成功の不能
三　社員総会の決議
四　他の医療法人との合併（合併により当該医療法人が消滅する場合に限る。次条第１項及び第56条の３において同じ。）
五　社員の欠亡
六　破産手続開始の決定
七　設立認可の取消し

上記の第二号と第三号の事由により解散するときは、都道府県

連-24 本院廃止②－解散の手続き

の事前の認可が必要ですが、第一号、第五号、第六号の事由により解散するときは、都道府県への届出で済みます。

第一号の「定款をもって定めた解散事由の発生」は都道府県により異なります。

◆**東京都の定款例（令和元年 6 月版）**

> 第 47 条　本社団は、次の事由によって解散する。
> （1）目的たる業務の成功の不能
> （2）社員総会の決議
> （3）社員の欠亡
> （4）他の医療法人との合併
> （5）破産手続開始の決定
> （6）設立認可の取消し

◆**神奈川県の定款例（2022 年 8 月版）**　※アンダーラインは編者

> 第 45 条　本社団は、次の事由によって解散する。
> （1）目的たる業務の成功の不能
> （2）社員総会の決議
> （3）<u>第 4 条に掲げる診療所のすべてを廃止したとき</u>
> （4）他の医療法人との合併
> （5）社員の欠亡
> （6）破産手続開始の決定
> （7）設立認可の取消し

神奈川県のように定款に「第○条に掲げる診療所のすべてを廃止したとき」という規定がある場合は、「定款をもって定めた解散事由の発生」がある医療法人となり、本院を廃止することで定款に定める診療所のすべてを廃止することに該当するので、その

63

時点で医療法人を解散しなければなりません。

[2] 解散手続の流れ

都道府県に解散届を提出した後に、法務局に対して解散及び清算人選任登記を行い、登記が完了した時点で都道府県に対して医療法人登記事項の届出を提出するほか、税務署、都道府県税事務所、および市区町村に対して異動届出書を提出します。

その後は、公告、清算手続、清算結了登記、医療法人登記事項の届出という清算結了手続を行いますが、清算結了手続は本書では説明を省略します。

連-25 社員の欠乏による医療法人の解散

◆ 連-25　社員の欠乏による医療法人の解散

届出先＆手続名	届出順	個別手続番号
都道府県 ・医療法人解散届の提出 ・医療法人の登記事項の届出	事後	個-9 個-2
法務局 ・解散及び清算人選任登記		個-1
税務署、都道府県税事務所、市区町村 ・異動届出		個-73 個-78 個-79

🌿 ポイント解説

　医療法人の社員が1人もいなくなることを「社員の欠乏」といい、医療法第55条第1項の規定に定める解散事由に該当するので、都道府県に対して解散届を提出しなければなりません。

　なお、社員の欠乏に該当した場合でも診療所の運営を続けているときは、診療所廃止には該当しません。

　都道府県に解散届を提出した後に、法務局に対して解散及び清算人選任登記を行い、登記が完了した時点で都道府県に対して医療法人登記事項の届出を提出するほか、税務署、都道府県税事務所、および市区町村に対して異動届出書を提出します。

　その後は、公告、清算手続、清算結了登記、医療法人登記事項の届出という清算結了手続を行いますが、清算結了手続は本書では説明を省略します。清算結了手続の途中で開設している診療所を廃止することになりますが、この時は 連-23 本院廃止①の手続きを行うことになります。

第1編　一連の手続き

◆ 連-26　都道府県に対する解散認可申請

届出先＆手続名	届出順	個別手続番号
都道府県		
・医療法人解散認可申請	事前	個-10
・医療法人の登記事項の届出		個-2
法務局	事後	
・解散及び清算人選任登記		個-1
税務署、都道府県税事務所、市区町村		
・異動届出		個-73
		個-78
		個-79

ポイント解説

医療法第55条第1項に、社団たる医療法人の解散事由について、次のように定めています。

一　定款をもつて定めた解散事由の発生
二　目的たる業務の成功の不能
三　社員総会の決議
四　他の医療法人との合併（合併により当該医療法人が消滅する場合に限る。次条第1項及び第56条の3において同じ。）
五　社員の欠亡
六　破産手続開始の決定
七　設立認可の取消し

上記の第二号と第三号の事由により解散する時は都道府県の事前の認可が必要ですが、本院（診療所）の廃止と医療法人の解散は別の手続きなので、次の2つのパターンが考えられます。

① 　解散認可申請と一緒に本院を廃止する
② 　本院は既に廃止しているので解散認可申請だけを行う

連-26 都道府県に対する解散認可申請

　医療法第 65 条で、「都道府県知事は、医療法人が、成立した後又は全ての病院、診療所、介護老人保健施設及び介護医療院を休止若しくは廃止した後一年以内に正当な理由がなく病院、診療所、介護老人保健施設又は介護医療院を開設しないとき、又は再開しないときは、設立の認可を取り消すことができる。」とされているので、本院（診療所）を廃止しているが解散していない医療法人は結構あります。

　ただし、定款に「第〇条に掲げる診療所のすべてを廃止したとき」という規定がある場合は、本院を廃止することで定款に定める診療所のすべてを廃止することに該当するので、その時点で医療法人を解散しなければなりません。

　この場合は、連-24 本院廃止②の手続きを行うことになります。

　都道府県に解散認可申請を行い、認可が得られた後に、法務局に対して解散及び清算人選任登記を行います。そして登記が完了した時点で、都道府県に対して医療法人登記事項の届出を提出するほか、税務署、都道府県税事務所、および市区町村に対して異動届出書を提出します。

　その後は、公告、清算手続、清算結了登記、医療法人登記事項の届出という清算結了手続を行いますが、清算結了手続は本書では説明を省略します。

3 個人と医療法人に共通する診療所に関する一連の手続き

◆ 連-27 診療科目の変更

届出先＆手続名	届出順	個別手続番号
保健所 ・診療所開設許可（届出）事項一部変更届の提出	事後	個-14
地方厚生局 ・保険医療機関（生活保護法指定医療機関）届出事項変更（異動）届の提出		個-29
都道府県労働局（労災保険を扱っている場合のみ） ・労災保険指定医療機関変更届の提出		個-42
都道府県精神保健衛生課等 （自立支援医療を扱っている場合のみ） ・指定自立支援医療機関（精神通院医療）変更申請書兼変更届の提出		個-46
都道府県福祉事務所（生活保護を扱っている場合のみ） ・生活保護法指定医療機関変更届出書の提出		個-38

ポイント解説

　診療科目の変更があった場合は、保健所、地方厚生局、都道府県労働局、都道府県精神保健衛生課等、都道府県福祉事務所に変更の届出をします。

連-28 診療日時の変更

◆ 連-28 診療日時の変更

届出先＆手続名	届出順	個別手続番号
保健所 ・診療所開設許可（届出）事項一部変更届の提出	事後	個-14
地方厚生局 ・保険医療機関（生活保護法指定医療機関）届出事項変更（異動）届の提出		個-29

ポイント解説

　診療日時（診療時間）の変更があった場合は、保健所と地方厚生局に変更を届け出ます。

　保健所には法的には診療日時の変更の届出義務はありませんが、診療所開設時に保健所に提出した診療所開設届には診療日時を記載しているので、変更があった時は変更を届け出るべきです。診療所の電話番号も同様に法的義務はありませんが、変更があったときは届け出るべきです。

◆ 連-29　勤務医・保険医等に関する変更等

届出先＆手続名	届出順	個別手続番号
保健所 ・診療所開設許可（届出）事項一部変更届の提出 ・医師（歯科医師）届出票の提出	事後	個-14 個-17
地方厚生局 ・保険医療機関（生活保護法指定医療機関）届出事項変更（異動）届の提出 ・保険医管轄地方厚生（支）局内の管轄事務所等変更届、保険医氏名変更届の提出		個-29 個-31

ポイント解説

　まず、診療に従事する医師、歯科医師、薬剤師（いずれも常勤・非常勤を問わない）に変更があるときは保健所に診療所開設許可（届出）事項一部変更届と、地方厚生局に保険医療機関届出事項変更（異動）届を提出します。看護師についても変更があったときは届出が必要としている保健所がありますが、法的には不要です。

　次に保険医が登録している地方厚生局の管轄を越えて異動した場合は、変更前の管轄の地方厚生局に保険医管轄地方厚生（支）局内の管轄事務所等変更届を提出します。なお、地方厚生局内の異動の場合は届出は不要です。また、保険医の氏名に変更があった場合は、管轄の地方厚生局に保険医氏名変更届を提出します。

　最後に医師（歯科医師）は、2年に一度、12月31日現在における業務従事状況等について、保健所に対して医師（歯科医師）届出票を提出します。

　従来は紙による届出のみでしたが、令和5年1月提出分から医療機関にて取りまとめたものをオンライン届出ができるようになりました。この届出を行わないと「医師等資格確認検索システム」に氏名等が原則掲載されません。

連-30 建物の構造概要および平面図等の変更

◆ 連-30　建物の構造概要および平面図等の変更

届出先＆手続名	届出順	個別手続番号
保健所		
・診療所開設許可事項一部変更許可申請	事前	個-15
・診療所開設許可（届出）事項一部変更届の提出	事後	個-14

ポイント解説

　下記の変更は、医療法人と個人開設の診療所で手続きが異なります。

　医療法人など法人開設の診療所は、事前に管轄の保健所に変更許可申請を行う必要があります。

1　開設の目的、維持の方法
2　医師、歯科医師、薬剤師、看護師その他従業員の定員
3　敷地の面積および平面図
4　建物の構造概要および平面図
5　歯科技工室の構造設備の概要

　これに対し、個人開設の診療所は上記の変更であっても変更後10日以内に管轄の保健所に変更届を提出するだけで済みます。

◆ 連-31 診療所休止・再開

届出先＆手続名	届出順	個別手続番号
保健所 ・診療所休止届・再開届の提出	事後	個-18
地方厚生局 ・保険医療機関の休止・再開届の提出		個-33
都道府県労働局（労災保険を扱う場合のみ） ・労災保険指定医療機関休止・辞退届の提出		個-44
都道府県精神保健衛生課等 （自立支援医療を扱う場合のみ） ・指定自立支援医療機関(精神通院医療)休止・再開届		個-48
都道府県福祉事務所（生活保護を扱う場合のみ） ・生活保護法指定医療機関休止・再開届の提出		個-40

ポイント解説

　ここでの手続きはすべて診療所の休止と再開についてです。医療法人の業務全体の休業ではありません。

　医療法人は医療法第65条で「都道府県知事は、医療法人が、成立した後又は全ての病院、診療所、介護老人保健施設及び介護医療院を休止若しくは廃止した後一年以内に正当な理由がなく病院、診療所、介護老人保健施設又は介護医療院を開設しないとき、又は再開しないときは、設立の認可を取り消すことができる。」とされており、長期間休業することは原則としてないので、本書では医療法人の業務全体の休業の手続きには触れていません。

◆ 連-32 再生医療等

届出先＆手続名	届出順	個別手続番号
地方厚生局または地方厚生局を経由して厚生労働大臣		
・再生医療等委員会認定申請	事前	個-60
・再生医療等提供計画の提出	事前	個-61
・再生医療等提供状況の定期報告	事後	個-63
地方厚生局		
・特定細胞加工物製造届書の提出	事前	個-62

ポイント解説

　再生医療等を新規に始めるあたり、再生医療等提供基準に適合しているか、再生医療等提供計画書に書類不備がないか、計画に問題がないか、再生医療等を提供する準備ができているか等を審査するため、認定委員会に審査を依頼する必要があります。

　既存の認定委員会に審査を依頼することが多いですが、もし新たに再生医療等委員会の認定を申請する場合は、地方厚生局または地方厚生局を経由して厚生労働大臣に再生医療等委員会認定申請書を提出します。

　再生医療等を提供しようとする医療機関の管理者は、再生医療等提供計画について第一種再生医療等と第二種再生医療等は「特定認定再生医療等委員会」の、第三種再生医療等は「認定再生医療等委員会」の審査を経て、第一種再生医療等は厚生労働大臣に、第二種再生医療等と第三種再生医療等は地方厚生局長に再生医療等提供計画を提出します。

　再生医療等の区分ごとに再生医療等提供計画を提出する必要があるので、1つの医療機関で複数の計画を提出する場合があります。

　審査を受ける委員会や管轄の地方厚生局によって要する期間が異

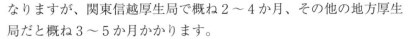

なりますが、関東信越厚生局で概ね2～4か月、その他の地方厚生局だと概ね3～5か月かかります。

　また、国内の医療機関等内で特定細胞加工物を製造する場合は、細胞培養加工施設ごとに、地方厚生局に特定細胞加工物製造届書を提出し、この提出が完了してから、再生医療等提出計画を提出します。ただし、特定細胞加工物製造許可を取得した外部施設に培養を委託する場合は、特定細胞加工物製造届書の届出は不要です。

　さらに、再生医療等提供機関の管理者は、再生医療等提供計画に記載された再生医療等技術ごとに、当該再生医療等を受けた者の数、当該再生医療等に係る疾病等の発生状況およびその後の経過などを「特定認定再生医療等委員会」または「認定再生医療等委員会」の審査を経て、地方厚生局等に1年ごとに報告書しなければなりません。

　なお、アンチエイジング目的で再生医療等の提供を検討する医療機関が多いですが、アンチエイジング目的で委員会の審査を通過することは難しいので注意が必要です。

◆ 連-33　産業廃棄物

届出先＆手続名	届出順	個別手続番号
都道府県 ・特別管理産業廃棄物管理責任者設置（変更）届出 ・産業廃棄物管理票交付等状況報告	事後	個-65 個-66

ポイント解説

　産業廃棄物のうち「爆発性、毒性、感染性その他の人の健康又は生活環境に係る被害を生ずるおそれのある性状を有する廃棄物」は特別管理産業廃棄物となりますが、特別管理産業廃棄物を排出する医療機関は、特別管理産業廃棄物管理責任者を設置する義務があります。そして、特別管理産業廃棄物管理責任者を設置した場合は、事業場の名称、所在地、責任者氏名等を都道府県に届け出る必要があります。

　また、排出事業者（医療機関も含む）が産業廃棄物の処理を業者に委託する際に、定められた事項を記載した産業廃棄物管理票（マニフェスト）を交付し、産業廃棄物が委託契約内容に基づき適正に処理されていることを確認しなければなりません。

　そして、産業廃棄物管理票（マニフェスト）を交付した排出事業者（医療機関を含む）は、事業場ごとに産業廃棄物の種類、排出量、管理票の交付枚数等を記載した産業廃棄物管理票交付等状況報告書を都道府県に提出しなければなりません。

4 職員を雇用することで必要となる一連の手続き

◆ 連-34 職員を雇用する場合の手続き

届出先＆手続名	届出順	個別手続番号
公共職業安定所 ・雇用保険被保険者資格取得届の提出	事後	個-84
年金事務所または健康保険組合 ・健康保険・厚生年金保険被保険者資格取得届の提出		個-95
給与の支払者 ・給与所得者の扶養控除等（異動）申告書の提出		個-77

ポイント解説

　職員を雇用した場合で、その職員が週20時間以上働く場合は、その職員を雇い入れた日（被保険者となった日）の属する月の翌月10日までに、管轄の公共職業安定所に雇用保険被保険者資格取得届を提出しなければなりません。なお、提出期限を守らなくても特に罰則はありませんが、6か月以上遅れて提出する場合は、遅延理由書および6か月分の賃金台帳・出勤簿の提出が必要になります。

　また、健康保険・厚生年金保険の適用事業所（法人・任意適用の認可を受けた個人開設の診療所）で週30時間以上働く職員を雇用する事業所は、その職員を雇い入れた日（被保険者となった日）から5日以内に、管轄の年金事務所または健康保険組合に健康保険・厚生年金保険被保険者資格取得届を提出しなければなりません。

　なお、健康保険・厚生年金保険の被保険者総数が101名以上（令和6年10月1日からは50名以上）の適用事業所または週20時間以上30時間未満の職員でも健康保険・厚生年金保険の被保険者に

連-34 職員を雇用する場合の手続き

　なることができる事業所（任意特定適用事業所）については、週20時間以上30時間未満の職員でも被保険者となります。
　さらに、70歳以上の職員は厚生年金保険の被保険者とならないため、様式の⑩備考欄の「1．70歳以上被用者該当」に〇をつけてください（下記参照）。
　雇用保険に関しては、役員および事業主の家族は加入できませんが、兼務役員にかかる雇用保険被保険者資格要件証明書において使用人兼務役員であることが認められれば、これらの方でも雇用保険に加入ができます。また、健康保険・厚生年金保険に関しては、常勤役員は加入できますが、非常勤役員や個人事業主、個人事業主の家族は加入できません。
　さらに、兼業や副業以外で雇用した職員には給与所得者の扶養控除等（異動）申告書を給与の支払者（診療所の開設者）に提出してもらう必要があります。この申告書の提出がない職員は源泉所得税を乙欄で計算しなければならないので、甲欄で計算を希望する職員には必ず提出してもらってください。

［被保険者資格取得届］（一部抜粋）

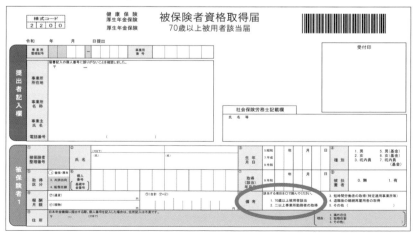

第1編　一連の手続き

◆ 連-35　外国人を雇用する場合の手続き

届出先＆手続名	届出順	個別手続番号
公共職業安定所		
・雇用保険被保険者資格取得届の提出		個-84
・外国人雇用状況届出		個-114
年金事務所または健康保険組合	事後	
・健康保険・厚生年金保険資格取得届、資格喪失届等の提出		個-115
地方出入国在留管理官署（外国人医師を雇用する場合のみ）		
・在留資格認定証明書交付申請	事前	個-116
・在留資格変更許可申請		個-117
・在留期間更新許可申請、就労資格証明書交付申請	事後	個-118
給与の支払者（居住者のみ）		
・給与所得者の扶養控除等（異動）申告書の提出		個-77

ポイント解説

　外国人を雇用した場合で、その職員が週20時間以上働く場合は、その職員を雇い入れた日（被保険者となった日）の属する月の翌月10日までに、管轄の公共職業安定所に雇用保険被保険者資格取得届に本人の在留カードのコピーを添付して提出しなければなりません。

　なお、雇用保険の被保険者にならない（週所定労働時間20時間未満）の外国人労働者を雇用する事業所は、その職員を雇い入れた日の翌月末日までに、管轄の公共職業安定所に外国人雇用状況届出書を提出しなければなりません。

　健康保険・厚生年金保険の適用事業所（法人・任意適用の認可を受けた個人開設の診療所）で週30時間以上働く外国人を雇用する事業所は、その職員を雇い入れた日（被保険者となった日）から5日以内に、管轄の年金事務所等に健康保険・厚生年金保険被保険者資格取得届に厚生年金保険被保険者ローマ字氏名届を添付して提出しなければなりません。

連-35 外国人を雇用する場合の手続き

　外国人の場合はミドルネームがあったり、姓名が繋がっていたりする場合があり、本来の氏名と表記が異なってしまう場合があるので、被保険者証上どのように表記をするか手続きの際に指示する必要があります。なお、文字数が多い場合（保険者によって異なります）は被保険者証はカナ表記だけになる場合があります。

　外国人医師を招致する受入医療機関は、外国人医師が入国する前に地方出入国在留管理官署に在留資格認定証明書交付申請書を提出して在留資格の認定を受ける必要があります。

　留学で在留している外国人を医師として雇用する場合は、在留資格の変更の事由が生じた時から在留期間満了日以前までに、地方出入国在留管理官署に在留資格変更許可申請書を提出して在留資格の変更を申請する必要があります。

　医療の在留資格で在留している外国人医師の雇用を延長したい場合は、在留期間の満了する日以前までに地方出入国在留管理官署に在留期間更新許可申請書を提出して在留資格の更新を申請する必要があります。

　外国人医師が就労資格証明書を取得したいときは、地方出入国在留管理官署に就労資格証明書交付申請書を提出します。就労資格証明書は主に外国人医師が転職をする場合に使います。

　外国人に給与を支払う際の源泉所得税ですが、国内に住所があるか現在まで引き続いて1年以上居所がある（住んでいる）居住者とそれ以外の非居住者のどちらに該当するかにより異なります。居住者に該当する場合には、日本人と同様に源泉所得税を徴収するので、給与所得者の扶養控除等（異動）申告書を給与の支払者（診療所の開設者）に提出してもらう必要があります。

　この申告書の提出がない職員は源泉所得税を乙欄で計算しなければなりません。

　非居住者に該当する場合には、原則として20.42％の税率で源泉所得税を徴収します。

第1編　一連の手続き

◆ 連-36　外国人が退職した場合の手続き

届出先＆手続名	届出順	個別手続番号
公共職業安定所 ・雇用保険被保険者資格喪失届・離職証明書の発行 ・外国人雇用状況届出	事後	個-85 個-114
年金事務所または健康保険組合 ・健康保険・厚生年金保険資格取得届、資格喪失届等の提出		個-115

ポイント解説

　外国人が退職した場合、その翌々日から10日以内に管轄の公共職業安定所に雇用保険被保険者資格喪失届に在留カードのコピーを添付して提出しなければなりません。死亡による退職の場合も同じです。

　なお、雇用保険の被保険者にならない（週所定労働時間20時間未満）の外国人労働者が離職した事業所は、その職員が離職した翌月末までに、管轄の公共職業安定所に外国人雇用状況届出書を提出しなければなりません。

　当該外国人が健康保険・厚生年金保険の被保険者であった場合は、日本人と同様に、その日から5日以内に管轄の年金事務所または健康保険組合に健康保険・厚生年金保険被保険者資格喪失届を提出しなければなりません。

連-37 職員が退職した場合、解雇したい場合の手続き

◆ 連-37 職員が退職した場合、解雇したい場合の手続き

届出先＆手続名	届出順	個別手続番号
公共職業安定所 ・雇用保険被保険者資格喪失届・離職証明書の発行	事後	個-85
年金事務所または健康保険組合 ・健康保険・厚生年金保険被保険者資格喪失届の提出		個-96
労働基準監督署 （解雇予告除外認定申請をする場合のみ） ・解雇予告除外認定申請	事前	個-122
市区町村 ・給与所得者異動届出	事後	個-81

ポイント解説

　雇用保険被保険者が退職した場合は、その翌々日から10日以内に管轄の公共職業安定所に雇用保険被保険者資格喪失届を提出しなければなりません。死亡による退職の場合も同じです。

　なお、離職証明書の発行希望があった場合、または被保険者が満59歳以上の場合は雇用保険被保険者離職証明書をあわせて提出し、本人に離職証明書を交付しなければなりません。

　また、健康保険・厚生年金保険の被保険者が退職した場合は、その日から5日以内に管轄の年金事務所等に健康保険・厚生年金保険被保険者資格喪失届を提出しなければなりません。

　一方、事業主は労働者を解雇する場合は、30日以上の予告期間を設けるか、30日分以上の平均賃金（解雇予告手当）を支払わなければなりません。ただし、天災事変その他やむを得ない事由または労働者の責めに帰すべき事由がある場合で、解雇を行う前に解雇予告手当除外認定申請書を管轄の労働基準監督署に提出し、認定を

第1編　一連の手続き

受けた場合は、解雇の予告または解雇予告手当の支払いが免除されます。

　個人住民税を特別徴収している従業員が退職、転勤、休職、死亡などの理由で給与の支払いを受けなくなるときは、市区町村に給与所得者異動届出書を提出しなければなりません。提出する際には、退職者が再就職先で特別徴収を続けるか、自分で納付する普通徴収に切り替えるか、最後の給与で一括徴収して納付するか選択します。

連-38 職員が 70 歳に達した場合の手続き

◆ 連-38 　職員が 70 歳に達した場合の手続き

届出先＆手続名	届出順	個別手続番号
年金事務所または健康保険組合 ・70 歳到達届の提出	事後	個-100

ポイント解説

　厚生年金保険は 70 歳で被保険者資格を喪失しますが、被用者の場合は給与と老齢厚生年金の合計金額に応じて年金支給額の調整を行うための在職老齢年金の制度が存在します。

　したがって、健康保険・厚生年金保険の被保険者が 70 歳に到達し、引き続き健康保険の被保険者となる場合は、その日から 5 日以内に管轄の年金事務所または健康保険組合に、厚生年金保険被保険者資格喪失届と厚生年金保険 70 歳以上被用者該当届が 1 枚にまとめられた 70 歳到達届を提出しなければなりません。

　厚生年金保険の資格喪失日は、70 歳の誕生日の前日となります。

◆ 連-39　毎年定期的に行う必要がある社会保険関係の手続き

届出先＆手続名	届出順	個別手続番号
労働基準監督署（納付額があれば金融機関の窓口で納付、納付額がない場合都道府県労働局への郵送も可能）		
・労働保険の年度更新	事後	個-88
・時間外労働・休日労働に関する協定届（36協定）の提出	事前	個-120
年金事務所または健康保険組合		
・健康保険・厚生年金保険被保険者報酬月額算定基礎届の提出	事後	個-97

ポイント解説

　毎年定期的に行う手続きには、①労働保険の年度更新、②健康保険・厚生年金保険の標準報酬月額算定基礎届の提出、③時間外労働・休日労働に関する協定届（36協定）の提出があります。
　また、1年単位の変形労働時間制を採用している場合は、1年単位の変形労働時間制に関する協定届（個-121）も毎年提出しなければなりません（1箇月単位の変形労働時間制に関する協定届については、就業規則に当該内容を規定すれば定期の届出は不要なので省略します）。

[1] 労働保険の年度更新

　労働保険の適用事業所は、毎年6月1日から7月10日（10日が土日の場合は翌平日）までに、前年4月1日から当年3月31日までの確定労災保険料・雇用保険料・一般拠出金（確定保険料）を計算・申告するとともに、当年4月1日から翌年3月31日までの概算労災保険料・雇用保険料（概算保険料）をあわせて計算・申告します。確定保険料と概算保険料はあわせて申告する必要がありますが、既に納めた概算保険料は差し引くことができますの

連-39 毎年定期的に行う必要がある社会保険関係の手続き

で、この残りの金額を労働基準監督署または金融機関の窓口で納付します。

[2] 健康保険・厚生年金保険標準報酬月額算定基礎届の提出

　健康保険・厚生年金保険の適用事業所は、毎年7月1日から7月10日（10日が土日の場合は翌平日）までに管轄の年金事務所または健康保険組合に健康保険・厚生年金保険被保険者報酬月額算定基礎届／厚生年金保険70歳以上被用者算定基礎届を提出しなければなりません。

[3] 時間外労働・休日労働に関する協定届

　労働基準法では1日8時間の法定労働時間が設定されていますので、これを超えて職員を労働させる場合は、時間外労働・休日労働に関する協定（いわゆる36協定）を事業所に所属する職員の代表者と結び、管轄の労働基準監督署に届け出なければなりません。

　この協定は1年間が有効期間であり、事前に届出をしないと過ぎてしまった部分については無効となり、この間の時間外労働は違法なものとなってしまいます。自動更新はないので毎年の届出が必要です。

◆ 連-40　昇給・減給・賞与を支給した時の手続き

届出先&手続名	届出順	個別手続番号
年金事務所または健康保険組合 ・健康保険・厚生年金保険被保険者報酬月額変更届の提出 ・健康保険・厚生年金保険被保険者賞与支払届の提出	事後	個-98 個-99

ポイント解説

　健康保険・厚生年金保険の被保険者の固定給が変動（昇給・降給、手当の創設・廃止、時給から月給になる等の給与体系の変更等）し、向こう３か月平均の総支給額の属する標準報酬月額が、従前の標準報酬月額の等級より２等級以上の変動が生じた場合、その翌月より標準報酬月額が変更となるため、管轄の年金事務所または健康保険組合に被保険者報酬月額変更届を提出します。

　賞与についても健康保険・厚生年金保険の毎月の保険料と同率の保険料を納付することになっているので、賞与を支給した場合には、支給日より５日以内に管轄の年金事務所または健康保険組合に被保険者賞与支払届を提出します。

連-41 就業規則を作成・変更した時の手続き

◆ 連-41 就業規則を作成・変更した時の手続き

届出先＆手続名	届出順	個別手続番号
労働基準監督署 ・就業規則（変更）届の提出	事後	個-119
・時間外労働・休日労働に関する協定届（36協定）の提出	事前	個-120
・変形労働時間制に関する協定届の提出		個-121

ポイント解説

　事業所（事業所単位、アルバイトを含み、役員は含まない）が就業規則（給与規程や退職金規程、育児介護・休業規程等のように、職員に対するルールを定めた付属規程すべてが該当）を作成、変更した場合は、事業所に所属する職員の代表から書面で意見を聴取し、管轄の労働基準監督署に就業規則（変更）届を提出します。

　原則として、（案）として事前に届け出ることが一般的ですが、事後に届け出られたものでも有効です。

　常時10人以上の職員を使用する事業所は、労働基準法の規定により、就業規則の届出が義務となっています。また、就業規則を変更する場合も同様に、管轄の労働基準監督署長に就業規則（変更）届を提出します。

　時間外労働・休日労働に関する協定届ですが、労働基準法では1日8時間の法定労働時間が設定されていますので、これを超えて職員を労働させる場合は時間外労働・休日労働に関する協定（いわゆる36協定）を事業所に所属する職員の代表者と結び、管轄の労働基準監督署に届け出なければなりません。

　この協定を結んだときは、就業規則と一緒に提出します。なお、この協定は1年間が有効期間であり、事前に届出をせず過ぎてしまった部分については無効となり、この間の時間外労働は違法なも

第1編　一連の手続き

のとなってしまいます。自動更新はないので毎年の届出が必要です。

　労働基準法では1日8時間1週40時間（常時10人未満の職員を雇用するクリニックの場合は1週44時間）の法定労働時間が設定されていますので、通常これを超える労働時間をシフトで組むことはできません。しかし、変形労働時間制を適用すれば、週平均40時間または44時間を超えたり、1日8時間を超えて、労働時間を設定することはできます。いくつかの種類がありますが、よく医療機関において利用されているのが、1箇月単位の変形労働時間制および1年単位の変形労働時間制です。なかでも、1年単位の変形労働時間制は、毎年、管轄の労働基準監督署に年間カレンダーを添付して協定届を提出する必要があります。就業規則と一緒にこの協定を結んだときは、一緒に提出します。

88

連-42 職員の氏名、住所、被扶養者に変更があった場合の手続き

◆ 連-42　職員の氏名、住所、被扶養者に変更があった場合の手続き

届出先＆手続名	届出順	個別手続番号
年金事務所または健康保険組合 ・健康保険・厚生年金保険被保険者氏名変更（訂正）届の提出 ・健康保険・厚生年金保険被保険者住所変更届の提出 ・健康保険被扶養者（異動）届	事後	個-101 個-102 個-103
給与の支払者 ・給与所得者の扶養控除等（異動）申告書の提出		個-77

ポイント解説

　健康保険・厚生年金保険の被保険者については、氏名の変更や住所の変更があった場合は、速やかに管轄の年金事務所または健康保険組合に各変更届を提出しなければなりません。

　なお、雇用保険については令和2年5月31日に氏名変更手続が廃止され、資格喪失時や給付申請時に変更後の氏名を記載すればよくなりました。

　健康保険・厚生年金保険の被保険者が主に生計を維持している家族等を健康保険の被扶養者とするには、その事由発生日から5日以内に健康保険被扶養者（異動）届を管轄の年金事務所または健康保険組合に提出しなければなりません。被扶養者でなくなった場合も同じです。

　また、20歳以上60歳未満の配偶者を被扶養者とする場合または被扶養者でなくなった場合は、同時に年金事務所または健康保険組合に国民年金第3号被保険者関係届も提出しなければなりません。

　給与所得者の扶養控除等（異動）申告書を提出している職員の住所、氏名の変更のほか、配偶者や扶養親族に変更があったときは、申告書を提出する必要があります。この申告書をもとに年末調整の計算を行うので、変更があったときは必ず提出するよう職員に依頼してください。

第1編　一連の手続き

◆ 連-43　出産・産休・育休・介護休業の場合の手続き

届出先＆手続名	届出順	個別手続番号
年金事務所または健康保険組合 ・健康保険・厚生年金保険産前産後休業取得者申出書／変更（終了）届の提出	事後	個-107
・健康保険・厚生年金保険育児休業等取得者申出書／終了届の提出		個-108
全国健康保険協会都道府県支部または健康保険組合 ・健康保険出産育児一時金支給申請		個-109
・健康保険出産手当金支給申請		個-110
公共職業安定所 ・出生時育児休業給付金支給申請		個-111
・育児休業給付金支給申請		個-112
・介護休業給付金支給申請		個-113

🌿 ポイント解説

[1] 産前産後休業

　　健康保険・厚生年金保険の女性の被保険者が出産のために産前産後休業（産前42日（多胎の場合は98日）、産後56日）に入った場合、この期間内の社会保険料は免除となります。この場合、産前産後休業取得者申出書／変更（終了）届を管轄の年金事務所または健康保険組合に提出します。通常、出産日は出産予定日とは限らないので、出産予定日どおりでなければ、産後休業の終了日は前後することになります。この場合は変更届を提出しなければなりません。また、産後休業が予定よりも早く終了した場合は、終了届を提出しなければなりません（出産予定日どおりに出産した場合は、終了届の提出は不要です）。

連-43 出産・産休・育休・介護休業の場合の手続き

　健康保険・厚生年金保険の被保険者が子の育児のために育児休業（原則子が１歳になるまで。事由によって最長で３歳まで延長できる。また、男性が子の出生後８週間以内に４週間まで、２回に分割して取得する休業、いわゆる産後パパ育休も含む）に入った場合、この期間内の社会保険料は免除となります。この場合、育児休業等取得者申出書を管轄の年金事務所または健康保険組合に提出します。

　当初の育児休業の終了予定日よりも休業期間を延長する場合は、延長届を提出しなければなりません。また、育児休業が予定よりも早く終了した場合は終了届を提出しなければなりません。

[２] 出産育児一時金

　健康保険・厚生年金保険の女性の被保険者が出産をし、出産育児一時金を受給する場合は、管轄の全国健康保険協会都道府県支部または健康保険組合に健康保険被保険者（家族）出産育児一時金支給申請書を提出しなければなりません。しかし、最近では多くの医療機関で直接支払制度が採用され、出産費用から差し引かれており（出産育児一時金より出産費用のほうが安かった場合は差額一時金の申請が可能）、この申請書の提出は不要となっています。

　なお、女性の被扶養者も出産育児一時金の支給を受けることができます。

[３] 出産手当金・給付金等

　健康保険・厚生年金保険の女性の被保険者が出産をし、産前産後休業を取得した場合は、管轄の全国健康保険協会都道府県支部または健康保険組合に健康保険出産手当金支給申請書を提出することによって出産手当金を受け取ることができます。

　雇用保険の男性の被保険者が子の出生日から起算して８週間を

経過する日の翌日までの期間内に、4週間以内の期間を定めて、当該子を養育するための出生時育児休業、いわゆる産後パパ育休を取得した場合は、雇用保険から出生時育児休業給付金の支給を受けることができます。

この給付を受けるためには、子の出生日（出産予定日）から起算して8週間を経過する日の翌日（この日から申請可能）から2か月を経過する日の属する月の末日までに管轄の公共職業安定所に育児休業給付受給資格確認票・出生時育児休業給付金支給申請書を提出しなければなりません。

雇用保険の被保険者が1歳未満（最大2歳まで延長可能）の子を養育するために、育児休業を取得した被保険者は、雇用保険から育児休業給付金の支給を受けることができます。

この給付を受けるためには、育児休業開始日から起算して4か月を経過する日の属する月の末日までに管轄の公共職業安定所に育児休業給付受給資格確認票・育児休業給付金支給申請書を提出しなければなりません。

［4］介護休業給付金

雇用保険の被保険者が対象家族の介護のため休業をした場合、介護休業給付金の支給を受けることができます。

この給付を受けるためには、各介護休業終了日（介護休業が3か月を経過したときは介護休業開始日から3か月経過した日）の翌日から起算して2か月を経過する日の属する月の末日までに管轄の公共職業安定所に介護休業給付金支給申請書を提出しなければなりません。

連-44 適用除外申請をしたい場合の手続き

◆ 連-44　適用除外申請をしたい場合の手続き

届出先＆手続名	届出順	個別手続番号
年金事務所または健康保険組合 医師国民健康保険組合または歯科医師国民健康保険組合 ・被保険者適用除外承認申請	事後	個-106

ポイント解説

　まず前提として、個人開設の診療所であっても常時5人以上の従業員を雇用している場合は、健康保険・厚生年金保険（社会保険）の適用事業所となりますが、医師国民健康保険組合または歯科医師国民健康保険組合の適用を受けていた事業所（個人開設の診療所）は、健康保険・厚生年金保険（社会保険）の適用事業所となっても、引き続き医師国民健康保険組合または歯科医師国民健康保険組合に加入し、職員の健康保険のみ適用を除外することができます。

　この場合、入職または社会保険の加入要件に該当した日から14日以内に、医師国民健康保険組合または歯科医師国民健康保険組合から健康保険被保険者適用除外承認の証明を受けたうえで、健康保険被保険者適用除外承認申請書／厚生年金保険 被保険者資格取得届（複写式の同一書類）とともに管轄の年金事務所または健康保険組合に提出しなければなりません。

　また、医師国民健康保険組合または歯科医師国民健康保険組合の適用を受けていた事業所（個人開設の診療所）が法人化した場合も、引き続き医師国民健康保険組合または歯科医師国民健康保険組合に加入し、職員の健康保険のみ適用を除外することができます。この場合の手続きも上記と一緒です。

第 2 編

個別の手続き

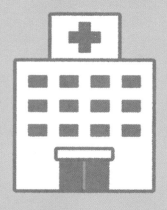

第2編　個別の手続き

I　法務局に対する手続き

◆ 個-1　医療法人変更登記申請

届出先＆提出書類	提出期限
法務局 ・医療法人変更登記申請書	登記の事由が発生した時から2週間以内

ポイント解説

　医療法人は、設立、従たる事務所の新設、事務所の移転、その他登記事項の変更、解散、合併、分割、清算人の就任またはその変更および清算の結了の各場合には、法務局にて医療法人変更登記申請をしなければなりません。
　主な変更登記と添付書類は下記のとおりです。
　なお、いずれも代理人が申請するときは委任状が必要です。

変更登記名	添付書類
資産の総額の変更	資産の総額を証する書面（財産目録）
理事長の変更(重任の場合)	・社員総会議事録 ・理事会議事録 ・就任承諾書（議事録の記載の援用可） ・医師（歯科医師）免許証の写しまたは非医師選任特例の認可書

Ⅰ 法務局に対する手続き

個 − 1 医療法人変更登記申請

変更登記名	添付書類
理事長の変更（新たに就任）	・社員総会議事録 ・理事会議事録 ・就任承諾書（議事録の記載の援用可） ・医師（歯科医師）免許証の写しまたは非医師選任特例の認可書 ・印鑑登録証明書
主たる事務所の変更	・社員総会議事録 ・定款変更の認可書（都道府県をまたいで主たる事務所を移転する場合のみ）
目的等の変更	・社員総会議事録 ・定款変更の認可書
法人名称変更	・社員総会議事録 ・定款変更の認可書
解散及び清算人登記	・定款 ・社員総会議事録 ・清算人会議事録 ・清算人及び代表清算人の就任承諾書（議事録の記載の援用可） ・定款変更の認可書（都道府県の認可を得て解散する場合に限る）

関連する主な一連手続 ➡ 連 − 4 、連 − 5 、連 − 7 、連 − 8 、連-10、連-11、連-12、連-13、連-14、連-15、連-20、連-21、連-23、連-24、連-25、連-26

第2編　個別の手続き

Ⅱ　都道府県(医療法人関係)に対する手続き

◆ 個-2　医療法人の登記事項の届出

届出先＆提出書類	提出期限
都道府県 ・医療法人の登記事項の届出	登記後遅滞なく

ポイント解説

　医療法人が登記をした際には、遅滞なく都道府県に医療法人の登記事項の届出(医療法人登記事項届)を提出する必要があります。

　この届出を提出する際には、添付書類として登記が完了した後の登記事項証明書(履歴事項全部証明書)が必要となります。同じ登記事項証明書でも現在事項全部証明書ではありません。

　主な登記事項の例としては、資産総額の変更、理事長の重任または変更、診療所や附帯業務の開設または廃止、法人名称および主たる事務所の所在地の変更等があるため、これらの登記が完了した後には都道府県に届出を行うこととなります。

　都道府県をまたぐ主たる事務所移転の場合には、移転後の都道府県に登記事項の届出を提出することとなります。

関連する主な一連手続 ➡ 連-4、連-5、連-7、連-8、連-10、連-11、連-12、連-13、連-14、連-15、連-20、連-21、連-23、連-24、連-25、連-26

Ⅱ　都道府県（医療法人関係）に対する手続き

個-3　医療法人役員変更届の提出

◆ 個-3　医療法人役員変更届の提出

届出先＆提出書類	提出期限
都道府県 　・医療法人役員変更届	変更後遅滞なく

ポイント解説

　医療法人の役員に変更が生じた場合、都道府県に対して遅滞なく役員変更届を提出する必要があります。理事長の変更には登記が必要ですが、理事と監事の変更は都道府県への届出のみとなります。

【主な変更届の例】
　・役員が就任する場合
　・任期途中で辞任する場合
　・任期満了で重任する場合
　・役員が死亡した場合
　・改姓・住所変更が生じた場合　等

[1] 役員変更届を提出する場合

　以下の添付が必要であり、新たに就任する役員の履歴書・役員就任承諾書、辞任届、印鑑証明書（都道府県により異なる）等も提出することとなります。

≪添付書類≫
　・社員総会議事録
　・理事会議事録
　・役員名簿（都道府県により異なる）等

[2] 理事長に変更がある場合

≪添付書類≫
　・理事に選出した時の社員総会議事録

- 理事長として選出した時の理事会議事録
- 新たに就任する理事長の履歴書・役員就任承諾書・医師（歯科医師）免許証、辞任届、印鑑証明書（都道府県により異なる）等

実務のツボ！お役立ちアドバイス

医療法人の役員の適格性は都道府県で異なる⁉

医療法人の役員の適格性について厚生労働省の医療法人運営管理指導要綱では、自然人であること、医療法第46条の5第5項の欠格事由に該当していないこと、および医療法人と関係のある特定の営利法人の役員が理事長に就任したり、役員として参画していることは、非営利性という観点から適当でないとしています。

しかし、都道府県によっては医療法人の役員の適格性について医療法人管理運営指導要綱以外の要件を求めているところがあります。

例えば、東京都は「未成年者が役員に就任することは適当ではありません。」としています。さらに監事については、医療法人の理事（理事長を含む）の親族、医療法人に出資（拠出）している個人、医療法人と取引関係・顧問関係にある個人、法人の従業員等（例：医療法人の会計・税務に関与している税理士、税理士事務所等の従業員）としています。※いずれも東京都の医療法人運営の手引き（令和5年10月版）より抜粋

他の都道府県でも同様の要件を求めているところがあるので、役員を変更するときは必ず医療法人がある都道府県ごとの医療法人の手引き等を確認する必要があります。

関連する主な一連手続 ➡ 連-4、連-5、連-6、連-7、連-9

Ⅱ 都道府県（医療法人関係）に対する手続き
個-4 医療法人決算届の提出

◆ 個-4　医療法人決算届の提出

届出先＆提出書類	提出期限
都道府県 ・医療法人決算届	会計年度終了後3か月以内

ポイント解説

　医療法人は、毎会計年度終了後3か月以内に、事業報告書、財産目録、貸借対照表、損益計算書、関係事業者との取引の状況に関する報告書、監事監査報告書（以下、「事業報告書等」という）を作成し、都道府県に医療法人決算届（東京都は事業報告書等届出書）を提出する必要があります。

　なお、都道府県は提出された事業報告書等について、請求があった場合には、これを公開し閲覧に供する義務があるので、医療法人決算届は各都道府県で閲覧することができます。

関連する主な一連手続 ➡ 連-9

個-5　医療法人の経営状況に関する報告

届出先＆提出書類	提出期限
都道府県 ・医療法人の経営状況に関する報告書	会計年度終了後3か月以内

ポイント解説

　医療法人は、令和5年8月以降に決算期を迎える法人から、毎年会計年度終了後3か月以内に、都道府県に対して病院や診療所ごとの経営情報を報告する義務が課されています。

　報告に含めるべき情報には、

　・病院や診療所の収益と費用

　・任意項目として職種別の給与（給料・賞与）およびその人数

があります。給与総額の対象期間は、直近の1月1日から12月31日までですが、これが不可能な場合は会計年度が対象となります。

　医療法人の経営状況に関する報告書は、毎年会計年度終了後3か月以内に同じく提出が求められている「医療法人決算届」（個-4）とは別の手続きです。

　また、医療法人決算届は病院や診療所ごとではなく、法人全体の貸借対照表や損益計算書ですが、医療法人の経営情報に関する報告書は病院や診療所ごとなので、例えば1つの医療法人で3つの診療所を開設している場合は、医療法人の経営情報に関する報告書を3部提出しなければなりません。

関連する主な一連手続 ➡ 連-9

Ⅱ　都道府県（医療法人関係）に対する手続き
個-6　定款変更届の提出

◆ 個-6　定款変更届の提出

届出先＆提出書類	提出期限
都道府県 ・定款変更届	定款変更後速やかに

ポイント解説

　医療法は第54条の9第3項で、「定款の変更（厚生労働省令で定める事項に関するものを除く）は、都道府県知事の認可を受けなければ、その効力を有しない。」と規定しているので、原則として医療法人の定款の変更は事前に都道府県の認可が必要ですが、厚生労働省令で定める事項（事務所の所在地と公告の方法）は、事前の認可は必要なく、定款変更後に都道府県に対して定款変更届を提出するだけで済みます。

≪添付書類≫
　　・社員総会議事録
　　・履歴事項全部証明書
　　・新定款　等

関連する主な一連手続 ➡ 連-10

第2編　個別の手続き

◆ 個-7　医療法人定款変更認可申請

届出先＆提出書類	提出期限
都道府県 ・定款変更認可申請書	事前（ただし、診療所や附帯事業廃止の場合は事後）

ポイント解説

医療法人設立後に下記の事項を変更する場合は、都道府県に対して定款変更認可申請を行わなければなりません。

定款変更認可が必要な場合とは、

- ・診療所の開設、移転、廃止
- ・附帯業務の開設、移転、廃止
- ・医療法人名称、診療所名称の変更
- ・役員定数の変更
- ・会計年度の変更
- ・持分の定めのない医療法人への移行
- ・定款の条文の変更（医療法改正に伴うものを含む）
- ・その他の変更（住居表示の変更、ビル名の変更、定款の文言訂正など）

です。

医療法人はその本来業務である病院・診療所・介護老人保健施設・介護医療院以外に、本来業務に支障がない限りにおいて医療法第42条に規定されている附帯業務を行うことができますが、附帯事業を行う場合は事前に定款の変更が必要です。

認可にかかる期間は都道府県や変更内容によって違いはあるものの、およそ2〜3か月です。審査が難航する場合や都道府県庁が混みあっているとそれ以上の期間がかかりますので、新たに開設する診療所や附帯事業所の開設予定時期があるのであれば、認可を受け

Ⅱ 都道府県（医療法人関係）に対する手続き

個-7 医療法人定款変更認可申請

るまでの期間を考慮し、事前に都道府県に相談するなどして進めることをお勧めします。

　医療法人の名称や診療所の名称を変更したい場合は、定款変更認可申請の前に、変更したい法人名称や診療所名称の使用の可否を都道府県に確認してください（診療所名称については保健所）。もし他に同名称の医療法人や診療所がある場合、その使用は認められないので注意が必要です。

　会計年度の変更については、定時社員総会の開催月も変更となりますので、あわせて変更をしてください。

　医療法は定款の変更が必要な改正をすることがあります。直近では平成28年9月1日施行の改正がそれに該当しますが、改正後の医療法に適合していない定款となっている場合は、定款変更認可申請時に、その時の定款変更と関係がない条項も改正後の医療法に適合する条文に変更する必要があります。

　定款変更認可申請の主な流れは、以下のとおりです。

① 変更内容によって提出書類や認可までの必要な期間が変わってくる場合が多いので、都道府県に確認をします。提出書類はほとんどの都道府県がウェブサイトで確認することができますが、スケジュールについては事前に都道府県に確認することをお勧めします。

② 申請書（案）を作成し、添付書類を揃えて申請書一式（押印なし、申請日は空白）を都道府県に提出します（仮申請または事前審査）。

③ 提出した申請書（案）の審査に概ね1～2か月かかります。その間に補正の依頼や、追加書類の提出を求められた時は対応します。

④ 仮申請（事前審査）が完了したのち、押印した書類一式を提出します（本申請）。

⑤ 本申請から概ね2週間から1か月で認可書が交付されます。

関連する主な一連手続 ➡ 連-11、連-12、連-13、連-14、連-15、連-16、連-17、連-18、連-19、連-20、連-21、連-23

105

第2編　個別の手続き

◆ 個-8　理事長選任特例認可申請

届出先＆提出書類	提出期限
都道府県 ・理事長選任特例認可申請書	事前

ポイント解説

非医師が理事長に就任するためには、都道府県に対して理事長選任特例認可申請をして、認可を受ける必要があります。

[1] 根拠法

> 医療法第 46 条の 6
> 医療法人の理事のうち一人は、理事長とし、医師又は歯科医師である理事のうちから選出する。ただし、都道府県知事の認可を受けた場合は、医師又は歯科医師でない理事のうちから選出することができる。

[2] 理事長選任特例認可の 3 つの類型

① 理事長が死亡し、または重度の傷病により理事長の職務を継続することが不可能となった際に、その子女が、医科または歯科大学（医学部または歯学部）在学中か、または卒業後、臨床研修その他の研修を終えるまでの間、医師または歯科医師でない配偶者等が理事長に就任しようとするような場合
② 次に掲げるいずれかに該当する医療法人の場合
　(1) 特定医療法人または社会医療法人
　(2) 地域医療支援病院を経営している医療法人
　(3) 公益財団法人日本医療機能評価機構が行う病院機能評価による認定を受けた医療機関を経営している医療法人

Ⅱ　都道府県（医療法人関係）に対する手続き

個-8　理事長選任特例認可申請

③　上記②以外の医療法人については、候補者の経歴、理事会構成（医師または歯科医師の占める割合が一定以上であることや、親族関係など特殊の関係にある者の占める割合が一定以下であること）等を総合的に勘案し、適正かつ安定的な法人運営を損なうおそれがないと認められる場合

　　この場合、認可の可否に関する審査に際しては、あらかじめ都道府県医療審議会の意見を聴くこととされています。

［3］審査基準

上記の審査基準については、各都道府県で独自の基準をもっていて明示されていませんが、厚生労働省は以下の基準に準じた取扱いになっているようです。

■厚生労働省管轄の医療法人に関する基準（抜粋）

> 次に掲げる①から④のいずれかに該当する医療法人
> 　①　過去5年間にわたって、医療機関としての運営が適正に行われ、かつ、法人としての経営が安定的に行われている医療法人
> 　　※「医療機関としての運営が適正に行われている」とは、医療法第25条第1項の規定に基づく立入検査（以下「立入検査」という。）及び保険指導監査における指導を受けて改善が見られない場合や脱税等その他の法令違反がない場合をいう。（以下同じ。）
> 　　※「法人としての経営が安定的に行われている」とは、法人運営において経営が安定的に推移し健全（原則として収支が黒字であるか、収支が赤字の年度があった場合であっても直近の年度の収支が黒字であるなど経営が改善する傾向にあること及び貸借対照表上、債務超過となっていないこと。）である場合をいう。（以下同じ。）

第 2 編　個別の手続き

② 理事長候補者が当該法人の理事に 3 年以上在籍しており、かつ、過去 3 年間にわたって、医療機関としての運営が適正に行われ、かつ、法人としての経営が安定的に行われている医療法人
③ 医師又は歯科医師の理事が理事全体の 3 分の 2 以上であり、親族関係を有する者など特殊の関係がある者の合計が理事全体の 3 分の 1 以下である医療法人であって、かつ、過去 2 年間にわたって、医療機関としての運営が適正に行われていること、及び、法人としての経営が安定的に行われている医療法人

※「親族関係を有する者」とは、6 親等内の血族、配偶者及び 3 親等内の姻族関係を有する者をいい、「特殊の関係がある者」とは次に掲げる者をいう。（以下同じ。）（特殊の関係ある者の説明は省略）

［4］理事長選任特例認可申請書および添付書類

都道府県によって異なりますが、東京都の場合は以下のとおりです。
1　理事長選任特例認可申請
2　非医師を理事長に選任することの決議を行った社員総会の議事録
3　理事長就任予定者の履歴書
4　認可されれば理事長に就任する旨の承諾書および印鑑証明書
5　その他の書類
　・子供が医科または歯科大学在学中の場合：在学証明書
　・該当要件により、期間分の貸借対照表、損益計算書および勘定科目内訳書
　・医師以外の者から理事長を選任することの理由書
　・その他、安定かつ適正な運営が行われていることを証明する書類等

Ⅱ 都道府県（医療法人関係）に対する手続き
個-8 理事長選任特例認可申請

基準を満たしているからといって必ずしも認可が下りるわけではありませんので、状況に応じた周到な書類提出が必要となります。

実務のツボ！お役立ちアドバイス

理事長選任特例認可の実際の状況

厚生労働省は毎年3月頃に全国医政関係主管課長会議を開催し、各都道府県に対して各課の施策について説明していますが、その中に非医師の理事長の選出に係る認可についての説明があります。

◆令和5年度全国医政関係主管課長会議の資料より抜粋

> 医療法人の理事長は、都道府県知事の認可を受けた場合は、医師又は歯科医師でない理事のうちから選出することができるとされている。
>
> この運用に関しては、「医療法人制度の改正及び都道府県医療審議会について」（昭和61年健政発第410号厚生省健康政策局長通知）により技術的助言が行われており、具体的には、候補者の経歴、理事会構成等を総合的に勘案し、都道府県医療審議会の意見を聴いた上で、適切かつ安定的な法人運営を損なうおそれがないと認められる場合には認可が行われるものである旨を示している。当該認可の取扱いについて、平成26年3月に発出した「医師又は歯科医師でない者の医療法人の理事長選出に係る認可の取扱いについて」（平成26年医政指発0305第1号厚生労働省医政局指導課長通知）により、医師又は歯科医師以外の者について要件を設定して門前払いをするのではなく、しっかりと候補者の経歴等を総合的に勘案し認可について判断していただきたい旨を通知しているところであるので、引き続き御留意いただきたい。

つまり、理事長選任特例認可申請について、門前払いするのではなく、しっかり認可について判断すべきとしています。しかもここ数年ずっと、全国医政関係主管課長会議において各都道府県に対して説明しています。

それなのに理事長選任特例認可申請について問い合わせすると、「うちでは理事長選任特例認可は一切認めていない」という都道府県がいまだにあるそうです。

関連する主な一連手続 ➡ 連-7

第2編　個別の手続き

◆ 個-9　医療法人解散届の提出

届出先＆提出書類	提出期限
都道府県 ・医療法人解散届	解散登記完了後速やかに

ポイント解説

医療法第55条には、以下のとおり医療法人の解散事由が定められています。

1　定款をもって定めた解散事由の発生
2　目的たる業務の成功の不能
3　社員総会の決議
4　他の医療法人との合併（合併により当該医療法人が消滅する場合に限る）
5　社員の欠亡
6　破産手続開始の決定
7　設立認可の取消し

上記のうち1、5、6は解散届が必要となります。

なお、上記1「定款をもって定めた解散事由の発生」は、定款に「診療所のすべてを廃止したとき」という条文がある場合です。このような条文がない場合は、すべての診療所を廃止しただけでは解散事由に該当しません。

また上記5「社員の欠亡」は、社員が0名になった場合に該当します。都道府県は一般的には社員は3名以上（4名以上としている都道府県もある）としていますが、3名未満となったからといって解散というわけではありません。ただし、都道府県に対し速やかに3名以上（または4名以上）の社員とする誓約書の提出を求められる場合があります。

解散届の主な添付書類は下記となります。

Ⅱ 都道府県（医療法人関係）に対する手続き
個-9 医療法人解散届の提出

清算人の登記をしているので、届出者は理事長ではなく、清算人となります。

≪添付書類≫
・解散することを決議した社員総会（理事会）の議事録
・社員の欠亡による解散の場合は、社員が欠亡したことが確認できる資料
・財産目録
・貸借対照表
・残余財産の処分方法を記載した書類
・解散および清算人就任を登記した登記事項証明書（履歴事項全部証明書）

なお、上記1、5、6の解散事由であっても、医療法人解散認可申請を要求してくる都道府県があるようですが、法的には解散届が正しいです。

関連する主な一連手続 ➡ 連-24、連-25

第2編　個別の手続き

◆ 個-10　医療法人解散認可申請

届出先＆提出書類	提出期限
都道府県 ・医療法人解散認可申請書	事前

ポイント解説

　医療法第55条には、以下のとおり医療法人の解散事由が定められています。
1　定款をもって定めた解散事由の発生
2　目的たる業務の成功の不能
3　社員総会の決議
4　他の医療法人との合併（合併により当該医療法人が消滅する場合に限る）
5　社員の欠亡
6　破産手続開始の決定
7　設立認可の取消し
　上記のうち2と3は、医療法人解散認可申請が必要となります。
　上記2「目的たる業務の成功の不能」は、何をもって「成功の不能」であるのかは、総合勘案をもって判断されているのが現状です。
　医療法人解散認可申請は、上記3「社員総会の決議」が多いと考えられます。手続きの流れとしては、①仮申請、②本申請、③医療審議会での諮問、④知事による解散認可となります。事前に都道府県の担当者とスケジュールを十分に調整のうえ、仮申請を作成し事前審査を受けることとなります。仮申請の段階では押印は不要であり、1部のみの提出となります。
　医療法人解散認可は医療審議会において諮問を経て認可されますが、医療審議会は年2～3回開催される都道府県が多いので、事前に医療審議会のスケジュールを確認する必要があります。医療審議

Ⅱ 都道府県（医療法人関係）に対する手続き

個-10 医療法人解散認可申請

会のスケジュールによっては、解散認可まで長期間を要する場合があるので注意が必要です。

≪添付書類≫
　・解散理由書
　・解散することを決議した社員総会（理事会）の議事録
　・財産目録
　・貸借対照表
　・残余財産の処分方法を記載した書類
　・清算人の住所および氏名を記した書類（理事以外が清算人に就任する場合）
　・登記事項証明書（履歴事項全部証明書）　等

関連する主な一連手続 ➡ 連-26

第2編　個別の手続き

Ⅲ　保健所に対する手続き

◆ 個-11　診療所開設届の提出

届出先＆提出書類	提出期限
保健所 ・診療所開設届	開設後 10 日以内

ポイント解説

　診療所を開設した場合は、管轄の保健所に開設届を提出します。診療所開設届は開設後 10 日以内に提出することになっていますが、管轄の保健所へ事前相談が必要です。特に構造設備等について基準に適合していることを確認するため、診療所の図面を持参して事前相談を行うことが大切です。

　また地方厚生局への保険医療機関指定申請には診療所開設届の控え（副本）が必要ですが、診療所への実地検査を行った後でないと診療所開設届の控え（副本）を渡さない保健所があるので、事前に診療所開設届の控え（副本）がもらえるタイミングを確認することも必要です。

　なお、個人開設の診療所の開設者が変わる場合や診療所を移転する場合でも、開設者の変更という手続きはありません。前の診療所の廃止届と、新たな診療所の開設届を提出することになります。

関連する主な一連手続 ➡ 連-2、連-3、連-12、連-13

III 保健所に対する手続き
個-12 診療所廃止届の提出

◆ 個-12 　診療所廃止届の提出

届出先＆提出書類	提出期限
保健所 ・診療所廃止届	廃止後 10 日以内

ポイント解説

　診療所を廃止した場合は、管轄の保健所に廃止届を提出します。

　なお、個人開設の診療所の開設者が変わる場合や診療所を移転する場合でも開設者の変更という手続きはありません。前の診療所の廃止届と、新たな診療所の開設届を提出することになります。

関連する主な一連手続 ➡ 連 - 2 、 連 - 3 、 連-12 、 連-14 、 連-23

第2編　個別の手続き

◆ 個-13　診療所開設許可申請

届出先＆提出書類	提出期限
保健所 ・診療所開設許可申請書	事前

ポイント解説

　法人が診療所を開設する場合、保健所に対して診療所開設許可申請が必要です。

　医療法人が診療所を開設する場合は、都道府県において既に定款変更認可について審査されているので、保健所での診療所開設許可申請は概ね1か月以内で終わります。

　医療法人の場合は、都道府県から定款変更の認可書が交付された後に、法務局での変更登記申請が済んでから診療所開設許可申請書を提出します。許可にあたり実地検査（立入検査）を行う保健所が多いので、事前に確認することをお勧めします。

　また、個人開設の診療所であっても診療に従事する医師や歯科医師、または構造設備等について変更があった場合は保健所に診療所開設許可（届出）事項一部変更届（ 個-14 ）を提出しなければなりませんが、この届出が漏れている場合が多く、個人開設の診療所を法人化するときは、保健所に提出済みの図面と現在の図面が一致していない場合や、保健所に届け出ている医師や歯科医師が一致しない場合があります。このような場合は変更届を提出してからでないと、診療所開設許可申請が認められないので、スムーズに開設許可を受けるためにも、事前に届出漏れがないか確認してください。

関連する主な一連手続 ➡ 連-12 、 連-13

Ⅲ　保健所に対する手続き

個-14　診療所開設許可（届出）事項一部変更届の提出

◆ 個-14　診療所開設許可（届出）事項一部変更届の提出

届出先＆提出書類	提出期限
保健所 ・診療所開設許可（届出）事項一部変更届	変更後10日以内

ポイント解説

　診療所開設後に、下記の事項を変更する場合は保健所に診療所開設許可（届出）事項一部変更届を提出します。
　なお、個人開設の場合は、原則として開設者と管理者が同一人のため、管理者の変更という手続きはありません。

【個人開設の変更事項】
　・開設者（管理者）の住所、氏名
　・診療所の名称
　・診療所の電話番号（法的には不要）
　・診療所の住居表示
　・診療日時（法的には不要）
　・診療科目
　・診療に従事する医師、歯科医師、薬剤師（いずれも常勤・非常勤を問わない。なお、看護師も必要としている保健所があるが法的には不要）
　・構造設備　等

【医療法人の変更事項】
　・法人の名称、事務所の所在地
　・管理者
　・診療所の名称
　・診療所の電話番号（法的には不要）
　・診療所の住居表示
　・診療日時（法的には不要）

第 2 編　個別の手続き

- 診療科目
- 診療に従事する医師、歯科医師、薬剤師（いずれも常勤・非常勤を問わない。なお、看護師も必要としている保健所があるが法的には不要）
- 定款

関連する主な一連手続 ➡ 連 - 1、連-10、連-11、連-16、連-18、連-19、連-20、連-21、連-22、連-27、連-28、連-29、連-30

Ⅲ 保健所に対する手続き

個-15 診療所開設許可事項一部変更許可申請

◆ 個-15　診療所開設許可事項一部変更許可申請

届出先＆提出書類	提出期限
保健所 ・診療所開設許可事項一部変更許可申請書	事前

ポイント解説

　医療法人など法人開設の診療所が下記事項を変更する場合は、事前に管轄の保健所に変更許可申請を行う必要があります。特に建物の構造概要および平面図の変更については、事前に保健所と相談することをお勧めします。

【変更事項】
- ・開設の目的、維持の方法
- ・医師、歯科医師、薬剤師、看護師その他従業員の定員
- ・敷地の面積および平面図
- ・建物の構造概要および平面図
- ・歯科技工室の構造設備の概要

　申請をしてから許可を得るまでには一般的には2〜3週間かかるので、余裕をもって申請するようにしてください。

関連する主な一連手続 ➡ 連-30

第2編　個別の手続き

◆ 個-16　他者管理の許可申請

届出先＆提出書類	提出期限
保健所 ・他者管理の許可申請書 　（開設者が他の者を管理者とする許可申請書）	事前

ポイント解説

　医療法第12条は、「病院、診療所又は助産所の開設者が、病院、診療所又は助産所の管理者となることができる者である場合は、自らその病院、診療所又は助産所を管理しなければならない。ただし、病院、診療所又は助産所の所在地の都道府県知事の許可を受けた場合は、他の者にこれを管理させることができる。」と規定しています。

　そして個人開設の診療所の開設者は医師または歯科医師なので、「管理者となることができる者」に該当し、自らその診療所を管理しなければなりません。

　しかし、ただし書きに「都道府県知事の許可を受けた場合は、他の者にこれを管理させることができる」と規定しており、これを「他者管理」といいます。他者管理の許可申請は、管轄の保健所に提出します。

　他者管理が認められる基準は、一般的には病気療養中で長期間診療を行うことができない場合や、海外での学会等のやむを得ない理由で長期間海外に出張する場合とされていますが、他者管理の許可申請はあまり例がないので、必ず事前に保健所に相談することをお勧めします。

関連する主な一連手続 ➡ 連-22

個-17 医師（歯科医師）届出票の提出

届出先＆提出書類	提出期限
保健所 ・医師（歯科医師）届出票	2年に一度 1月半ばごろ

ポイント解説

医師（歯科医師）は、2年に一度、12月31日現在における業務従事状況等について、保健所に対して医師（歯科医師）届出票を提出します。従来は紙による届出のみでしたが、令和5年1月提出分から、医療機関にて取りまとめたものをオンラインで届け出ることができるようになりました。

この届出を行わないと「医師等資格確認検索システム」に氏名等が原則掲載されません。

なお、医師、歯科医師だけでなく薬剤師も2年に一度の届出が必要ですし、業務に従事する保健師・助産師・看護師・准看護師・歯科衛生士・歯科技工士も2年に一度の届出が必要です。

医師、歯科医師、薬剤師の届出のことを「三師届」といい、業務に従事する保健師・助産師・看護師・准看護師・歯科衛生士・歯科技工士の届出のことを「業務従事者届」と呼んでいます。

関連する主な一連手続 ➡ 連-29

第2編　個別の手続き

◆ 個-18　診療所休止届・再開届の提出

届出先＆提出書類	提出期限
保健所 ・診療所休止届・再開届	事実発生から10日以内

ポイント解説

医療機関を休止または再開した場合は、10日以内に保健所に届出をします。

なお、医療法人は「全ての病院、診療所、介護老人保健施設及び介護医療院を休止若しくは廃止した後一年以内に正当な理由がなく病院、診療所、介護老人保健施設又は介護医療院を開設しないとき、又は再開しないときは、設立の認可を取り消すことができる。」と医療法第65条で定められているので、正当な理由がなく1年以上休止していると医療法人設立認可が取り消される可能性があります。

医療機関の休止と認可取消

正当な理由があれば1年以上休止していても医療法人設立認可が取り消される可能性はほとんどないと思われます。

例えば、病気療養中で長期間診療を行うことができない場合、海外での学会等のやむを得ない理由で長期間海外に出張する場合、前理事長である医師が死亡したが後継者の子息がまだ臨床研修中等の理由ですぐに管理者となれない場合等は正当な理由に該当すると思われます。

杓子定規に1年以上休止したら医療法人設立認可が取り消されると思い込むのではなく、まずは都道府県に相談することをお勧めします。

関連する主な一連手続 ➡ 連-31

Ⅲ 保健所に対する手続き

個-19 診療用エックス線装置設置届、変更届、廃止届の提出

◆ 個-19 診療用エックス線装置設置届、変更届、廃止届の提出

届出先＆提出書類	提出期限
保健所 ・診療用エックス線装置設置届、変更届、廃止届	設置後10日以内

ポイント解説

　診療所に診療用エックス線装置（レントゲン）を設置する場合は、設置後10日以内に保健所に診療用エックス線装置備付届を提出します。この際、「漏えい放射線測定結果報告書」を添付する必要があります。報告書の作成は業者によって1か月程度かかることがあるので、使用開始前に余裕をもって漏えい線量測定と報告書作成を依頼してください。

　なお、放射線漏えい線量測定は6か月を超えない期間ごとに1回（年2回）行い、その報告書を5年間保存する義務があります。

　診療用エックス線装置を設置する診療所で、以下の変更があった場合は、変更後10日以内に保健所に診療用エックス線装置等変更届を提出します。

【変更事項】

- 診療所の名称および所在地
- エックス線装置の製作者名、型式および台数
- エックス線高電圧発生装置の定格出力
- エックス線装置およびエックス線診療室のエックス線障害の防止に関する構造設備および予防措置の概要
- エックス線診療に従事する医師、歯科医師、診療放射線技師または診療エックス線技師の氏名およびエックス線診療に関する経歴

関連する主な一連手続 ➡ 連-2、連-3、連-12、連-13、連-14、連-23

◆ 個-20　診療用高エネルギー放射線発生装置備付届の提出

届出先＆提出書類	提出期限
保健所 ・診療用高エネルギー放射線発生装置備付届	設置後使用前

🍃ポイント解説

　医療法第 15 条第 3 項および医療法施行規則第 25 条により、医療機関の管理者は、診療の用に供する 1 メガ電子ボルト以上のエネルギーを有する電子線またはエックス線の発生装置(リニアック、ベータトロン等) を備えるときは、装置に関する事項、放射線障害の防止に関する予防措置の概要、放射線診療に従事する医師などの氏名・経歴などを記載して、管轄の保健所に診療用高エネルギー放射線発生装置備付届を提出します。

≪添付書類≫
　・隣接室名、上階、下階の室名ならびに周囲の状況を明記した使用室の 50 分の 1 または 100 分の 1 の縮尺平面図および立面図
　・漏えい放射線しゃへい計算書　等

関連する主な一連手続 ➡ 連-2、連-3、連-12、連-13、連-14、連-23

Ⅲ 保健所に対する手続き

個-21 診療用放射線照射装置備付届の提出

◆ 個-21 診療用放射線照射装置備付届の提出

届出先＆提出書類	提出期限
保健所 ・診療用放射線照射装置備付届	設置後使用前

ポイント解説

　医療法第15条第3項および医療法施行規則第26条により、医療機関の管理者は、下限数量の専売を超える密封された放射性同位元素を装備している診療の用に供する照射機器（テレコバルト、ラルスなど）を備えるときは、装置に関する事項、放射線障害の防止に関する予防措置の概要、放射線診療に従事する医師などの氏名・経歴などを記載して、管轄の保健所に診療用放射線照射装置備付届を提出します。

≪添付書類≫
・隣接室名、上階、下階の室名ならびに周囲の状況を明記した使用室の50分の1または100分の1の縮尺平面図および立面図
・漏えい放射線しゃへい計算書　等

関連する主な一連手続 ➡ 連-2、連-3、連-12、連-13、連-14、連-23

第2編　個別の手続き

◆ 個-22　放射性同位元素装備診療機器備付届の提出

届出先＆提出書類	提出期限
保健所 ・放射性同位元素装備診療機器備付届	設置後使用前

ポイント解説

　医療法第15条第3項および医療法施行規則第27条により、医療機関の管理者は、3.7ギガベクレルを超える密封された放射性同位元素を装備している診療の用に供する機器で厚生労働大臣が定めるもの（骨塩定量分析、GC用ECDなど）を備えるときは、機器に関する事項、放射線障害の防止に関する予防措置の概要、放射線診療に従事する医師などの氏名・経歴などを記載して、管轄の保健所に放射性同位元素装備診療機器備付届を提出します。

≪添付書類≫
　・隣接室名、上階、下階の室名ならびに周囲の状況を明記した使用室の50分の1または100分の1の縮尺平面図および立面図
　・漏えい放射線しゃへい計算書　等

関連する主な一連手続 ➡ 連-2、連-3、連-12、連-13、連-14、連-23

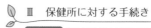

◆ 個-23 診療用放射性同位元素備付届の提出

届出先＆提出書類	提出期限
保健所 ・診療用放射性同位元素備付届	設置後使用前

ポイント解説

　医療法第15条第3項および医療法施行規則第28条により、医療機関の管理者は、医薬品である放射性同位元素で密封されていないもの（99mTcや201TI等の放射性同位元素）を備えるときは、診療用放射性同位元素、当該元素の使用室・貯蔵室・廃棄施設の放射線障害の防止に関する予防措置の概要、放射線診療に従事する医師などの氏名・経歴などを記載して、管轄の保健所に診療用放射性同位元素備付届を提出します。

≪添付書類≫
　・隣接室名、上階、下階の室名ならびに周囲の状況を明記した使用室の50分の1または100分の1の縮尺平面図ならび立面図
　・排水及び排気系統を示す廃棄施設図3 排気設備能力、排水設備能力、貯蔵室、各使用室のしゃへい計算書　等

関連する主な一連手続 ➡ 連-2 、連-3 、連-12 、連-13 、連-14 、連-23

第2編　個別の手続き

◆ 個-24　陽電子断層撮影診療用放射性同位元素備付届の提出

届出先＆提出書類	提出期限
保健所 ・陽電子断層撮影診療用放射性同位元素備付届	設置後使用前

ポイント解説

医療法第15条第3項および医療法施行規則第28条により、医療機関の管理者は、医薬品である放射性同位元素で密封されていないもの（陽電子放射断層撮影装置（いわゆるPET）による画像診断に用いる放射性同位元素）を備えるときは、陽電子断層撮影診療用放射性同位元素に関する事項、当該元素の使用室・貯蔵室・廃棄施設の放射線障害の防止に関する予防措置の概要、放射線診療に従事する医師などの氏名・経歴などを記載して、管轄の保健所に陽電子断層撮影診療用放射性同位元素備付届を提出します。

≪添付書類≫
・隣接室名、上階、下階の室名ならびに周囲の状況を明記した使用室の50分の1または100分の1の縮尺平面図および立面図
・排水及び排気系統を示す廃棄施設図3排気設備能力
・排水設備能力
・貯蔵室
・各使用室のしゃへい計算書　等

関連する主な一連手続 ➡ 連-2、連-3、連-12、連-13、連-14、連-23

◆ 個-25　診療用粒子線照射装置備付届の提出

届出先＆提出書類	提出期限
保健所 ・診療用粒子線照射装置備付届	設置後使用前

ポイント解説

　医療法第 15 条第 3 項および医療法施行規則第 25 条、第 25 条の 2 により、医療機関の管理者は、陽子線または重イオン線を照射する診療用の装置（サイクロトロン、シンクロトロンなど）を備えるとき、装置に関する事項、放射線障害の防止に関する予防措置の概要、放射線診療に従事する医師などの氏名・経歴などを記載して、管轄の保健所に診療用粒子線照射装置備付届を提出します。

≪添付書類≫
　・隣接室名、上階、下階の室名ならびに周囲の状況を明記した使用室の 50 分の 1 または 100 分の 1 の縮尺平面図および立面図
　・漏えい放射線しゃへい計算書　等

関連する主な一連手続 ➡ 連-2、連-3、連-12、連-13、連-14、連-23

第2編　個別の手続き

◆ 個-26　食品関係営業届の提出

届出先＆提出書類	提出期限
保健所 ・食品関係営業届	営業開始時は事前、変更届は変更後 10 日以内

ポイント解説

　食品衛生法の改正により令和3年6月1日から、病院等の営業以外の給食施設も1回の提供食数が20食程度以上の場合は、施設の情報、食品衛生責任者の氏名等を記載した食品関係営業届を保健所に届け出る必要があります。

　施設基準の要件はなく、また、有効期間がないため更新の手続きもありませんが、届出事項に変更があった場合や廃業した場合は、保健所への届出が必要となります。

関連する主な一連手続 ➡ 連-2、連-3、連-12、連-13、連-14、連-23

Ⅳ　保険医療機関指定申請に関する手続き

個-27　保険医療機関指定申請

Ⅳ　保険医療機関指定申請に関する手続き

1　地方厚生局に対する手続き

◆　個-27　保険医療機関指定申請

届出先＆提出書類	提出期限
地方厚生局 ・保険医療機関指定申請書	事前 厚生局ごとに締切日が 設けられている （例）東京都 　　　毎月 10 日

地方厚生局

ポイント解説

　保険医療機関の指定を受けようとするときは、管轄の地方厚生局に保険医療機関指定申請書を提出します。

　例えば東京都の場合は、保険診療を開始したい月の前月 10 日までに申請をしなければなりません。

　ただし、以下のようなケースでは期日を遡及して指定を受けることができます。

　1　保険医療機関等の開設者が変更になった場合で、前の開設者の変更と同時に引き続いて開設され、患者が引き続き診療を受けている場合

　2　保険医療機関等の開設者が「個人」から「法人組織」に、または「法人組織」から「個人」に変更になった場合で、患者が引き続き診療を受けている場合

131

第2編　個別の手続き

3　保険医療機関が「病院」から「診療所」に、または「診療所」から「病院」に組織変更になった場合で、患者が引き続き診療を受けている場合

4　保険医療機関等が至近の距離に移転し、同日付で新旧医療機関等を開設、廃止した場合で、患者が引き続き診療を受けている場合

　上記4の至近の距離の移転として認める場合は、移転先がこれまで受診していた患者の徒歩による日常生活圏域の範囲内（原則として2km）にある場合に限って期日を遡及して指定を受けることができるので、距離が微妙な場合等は事前に地方厚生局と相談することをお勧めします。

　また、上記1の開設者が変更になった場合は、開設者死亡、病気等のため血族その他の者が引き続いて開設者となる場合、経営譲渡または合併により、引き続いて開設者となる場合などを含みますが、特に経営譲渡または合併の場合は勤務医として〇か月以上勤務していること等の条件がある場合があるので、事前に地方厚生局に相談することをお勧めします。

　ちなみに期日を遡及して指定を受けると、以前の診療所に通院していた患者は再診料を算定しなければなりませんが、遡及の指定を受けなければ以前の診療所に通院していた患者も初診料を算定できるので、経営譲渡等の場合はあえて遡及の指定を受けない場合があります。

　保険医療機関指定申請は、保健所の受付印がある診療所開設届の控え（副本）が必要なので、事前に保健所から診療所開設届の控え（副本）がもらえるタイミングを確認することも必要です。

　また、オンライン資格確認導入が義務となっているので、保険医療機関指定申請のときにオンライン資格確認の導入計画書も必要です。オンライン資格確認の手続きについては 個-34 ～ 個-36 を参照ください。

Ⅳ 保険医療機関指定申請に関する手続き

個-27 保険医療機関指定申請

　個人開設の診療所の開設者が変わる場合や診療所を移転する場合でも、開設者の変更という手続きはありません。前の診療所の廃止届と新たな診療所の指定申請が必要となります。

　なお、健康保険法第69条に保険医療機関のみなし指定の規定があるので、個人開設の診療所で開設者の医師のみで診療を行っている場合は、保険医等の登録があったときには、保険医療機関等の指定があったものとみなすこととされていますが、実際には個人開設の診療所でも保険医療機関指定申請をしています。

　本書の編集にあたり関東信越厚生局に問い合わせた時も保険医の登録と、保険医療機関の指定は別の話なので、保険医登録とは別に保険医療機関指定申請は必要という回答でした。

関連する主な一連手続 ➡ 連-2、連-3、連-12、連-13

個-28 施設基準の届出

届出先＆提出書類	提出期限
地方厚生局 ・基本診療料の施設基準に係る届出書 ・特掲診療料の施設基準に係る届出書	事前

ポイント解説

　診療報酬には、保険医療機関が一定の人員や設備を満たしていることについて、地方厚生局に届け出て初めて点数を算定できるものがあります。この満たすべき人員や設備を「施設基準」といい、施設基準の届出が必要なものは点数表に「施設基準に適合しているものとして地方厚生局長等に届け出た保険医療機関」や「別に厚生労働大臣が定める施設基準を満たす保険医療機関」という一文があります。

　法人化した場合などで期日を遡及して指定を受けた場合でも施設基準を算定する場合は、改めて届出が必要となります。

　施設基準は原則として、月初日までに提出されたものを当月初日付で指定されます。例えば4月1日までに提出した施設基準であれば、4月1日から算定可能となります。しかし、4月2日に提出した場合は5月1日から算定となるのでご注意ください。

　施設基準には届出が必要なものと不要なものがあります。

　例えば、夜間・早朝等加算は「夜間・早朝等加算の施設基準に係る取扱いについては、当該基準を満たしていればよく、特に地方厚生（支）局長に対して、届出を行う必要はないこと。」とされています。

　施設基準の届出にあたり実績が必要なものと不要なものもあります。

　例えば基本診療料の施設基準は、特に定めがなければ1か月間の

Ⅳ　保険医療機関指定申請に関する手続き

個-28 施設基準の届出

実績が必要とされています。

　また、届出以降も定期的に報告が必要なものもあります。令和6年診療報酬改定で新設されたベースアップ評価料は、賃金改善実績報告書の定期的な報告が必要です。

　各施設基準の様式は、地方厚生局のウェブサイトからダウンロードしてください。

　なお、施設基準を届け出た後に、施設基準を満たさなくなったり、区分の変更が生じたりした場合は、地方厚生局について変更の届出が必要です。

地方厚生局

関連する主な一連手続 ➡ 連 - 2 、 連 - 3 、 連-12 、 連-13

個-29 保険医療機関（生活保護法指定医療機関）届出事項変更（異動）届の提出

届出先＆提出書類	提出期限
地方厚生局 ・保険医療機関（生活保護法指定医療機関）届出事項変更（異動）届	変更後速やかに

ポイント解説

保険医療機関において指定事項に変更が生じた場合には、速やかに地方厚生局に届出を行わなければなりません。

【主な対象変更届出事項】
1. 保険医療機関の名称
2. 開設者名または代表者名
    【法人開設の場合】法人の代表者が変更になった場合
    　　　　　　　　　法人の名称に変更があった場合
    【個人開設の場合】開設者の氏名が変更になった場合
3. 管理者
4. 保険医……勤務者、勤務者の勤務形態変更、退職者
5. 区画変更（住居表示制の変更等）
6. 診療科目
7. 診療時間
8. 法人所在地等

なお、令和5年7月から生活保護法指定医療機関の手続きも同時に行うことが可能になりましたので、上記1～3のいずれかの変更を届け出る場合であって、生活保護法指定医療機関の変更の届出もあわせて行う場合は、「生活保護法の指定医療機関の変更の届出を併せて行う」にチェックを付けて提出します。

関連する主な一連手続 ➡ 連-4、連-7、連-10、連-11、連-20、連-21、連-22、連-27、連-28、連-29

Ⅳ　保険医療機関指定申請に関する手続き

個-30　保険外併用療養費の実施（変更）の報告

◆ 個-30　保険外併用療養費の実施（変更）の報告

届出先＆提出書類	提出期限
地方厚生局 ・保険外併用療養費の実施（変更）報告書	開始時・変更時は速やかに 定例報告は毎年7月1日時点を基準に7月31日までに提出

ポイント解説

　保険診療において、保険外併用療養費を除き一連の医療行為の中に保険診療と保険外診療を併用する混合診療は原則として認められていません。「保険外併用療養費」とは、厚生労働省が混合診療に該当しないと認めた患者から実費徴収できる保険外診療（自由診療）のことです。

　保険外併用療養費には評価療養、患者申出療養、選定療養があります。

［1］評価療養

　評価療養とは、保険給付の対象とすべきものであるか否かについて、適正な医療の効率的な提供を図る観点から評価を行うことが必要とされるものをいい、例えば以下のものが該当します。
　　・先進医療
　　・医薬品、医療機器、再生医療等製品の治験に係る診療
　　・薬機法承認後で保険収載前の医薬品、医療機器、再生医療等製品の使用薬価基準収載医薬品の適応外使用
　　・保険適用医療機器、再生医療等製品の適応外使用

137

第2編　個別の手続き

[2] 患者申出療養（令和6年1月18日現在、9種類、20件のみ）

　患者申出療養とは、未承認薬等を迅速に保険外併用療養として使用したいという困難な病気と闘う患者の思いに応えるため、患者からの申出を起点とし、安全性・有効性等を確認しつつ、できる限り身近な医療機関で受けられるようにする制度をいい、以下の9種類が該当します。

- インフィグラチニブ経口投与療法
- マルチプレックス遺伝子パネル検査による遺伝子プロファイリングに基づく分子標的治療
- トラスツズマブ エムタンシン静脈内投与療法
- ダブラフェニブ経口投与及びトラメチニブ経口投与の併用療法
- タゼメトスタット経口投与療法
- 経皮的胸部悪性腫瘍凍結融解壊死療法
- EPI-589経口投与療法
- ペミガチニブ経口投与療法
- 遺伝子パネル検査結果等に基づく分子標的治療

[3] 選定療養

　選定療法とは、特別の病室の提供など被保険者の選定に係るものをいい、以下のものが該当します。

- 特別の療養環境の提供の実施
- 歯科の金合金等
- 金属床総義歯
- 予約診療
- 時間外診療
- 小児う触の指導管理
- 180日以上の入院

Ⅳ 保険医療機関指定申請に関する手続き

個-30 保険外併用療養費の実施（変更）の報告

・制限回数を超える医療行為
・水晶体再建に使用する多焦点眼内レンズ

　保険外併用療養費は、厚生労働省の「保険外併用療養費に係る厚生労働大臣が定める医薬品等の実施上の留意事項について」という通知に「特別の料金等の内容を定め又は変更しようとする場合は、別紙様式〇により地方厚生（支）局長にその都度報告するものとすること。」等と書かれているので、届出ではなく、報告の義務があります。
　したがって、施設基準と違い先進医療と患者申出療養以外の保険外併用療養費は実施にあたり、必ずしも事前の届出が必要というわけではありません。
　保険外併用療養費を実施する場合は、開始時（料金を定めた時）と変更時に報告を行うとともに、毎年7月1日現在で届出書の記載事項について地方厚生（支）局長へ報告を行うこととされています。

関連する主な一連手続 ➡ 連-2 、 連-3 、 連-12 、 連-13

個-31 保険医管轄地方厚生(支)局内の管轄事務所等変更届、保険医氏名変更届の提出

届出先&提出書類	提出期限
地方厚生局 ・保険医管轄地方厚生(支)局内の管轄事務所等変更届 ・保険医氏名変更届	変更後速やかに

ポイント解説

　保険医が登録している地方厚生局の管轄を越えて異動した場合は、変更前の管轄の地方厚生局に保険医管轄地方厚生(支)局内の管轄事務所等変更届を提出します。
　なお、地方厚生局内の異動の場合は、届出は不要です。
　保険医の氏名に変更があった場合は、管轄の地方厚生局に保険医氏名変更届を提出します。

関連する主な一連手続 ➡ 連-29

Ⅳ 保険医療機関指定申請に関する手続き
個-32 保険医療機関指定申請（更新）

◆ 個-32　保険医療機関指定申請（更新）

届出先＆提出書類	提出期限
地方厚生局 ・保険医療機関指定申請書	指定の効力を失う前

ポイント解説

　保険医療機関の指定は、指定を受けた日から起算して 6 年を経過した時に、その効力を失います。したがって、引き続き保険診療を続けたい場合は、効力が切れる前に地方厚生局に対して保険医療機関指定申請書（更新）を提出します。

　指定更新が必要な場合は、指定の有効期限前に地方厚生局より指定更新の案内が来ますので、案内が来たら指定更新を忘れずに行ってください。

　様式は新規指定と同じですが、更新による申請の場合は医療機関コードを記載して提出します。

　また、令和 5 年 7 月から生活保護法指定医療機関の申請も同時に行うことが可能になりました。生活保護法指定医療機関の指定更新の手続きは、生活保護法指定医療機関指定申請（更新）（ 個-39 ）を参照ください。

　なお、健康保険法第 68 条第 2 項に「保険医療機関（第六十五条第二項の病院及び診療所を除く。）又は保険薬局であって厚生労働省令で定めるものについては、前項の規定によりその指定の効力を失う日前六月から同日前三月までの間に、別段の申出がないときは、同条第一項の申請があったものとみなす。」という規定があるので、保険医である医師もしくは歯科医師の開設する診療所である保険医療機関であって、その指定を受けた日から概ね引き続き当該開設者である保険医のみが診療に従事しているものまたはその指定を受けた日から概ね引き続き当該開設者である保険医およびその者と同一

の世帯に属する配偶者、直系血族もしくは兄弟姉妹である保険医のみが診療に従事している場合は、指定の効力を失う6か月前から3か月までの間に、別段の申出がないときは、更新の申請があったものとみなされます。

　ただし、上記以外の個人開設の診療所および医療法人が開設する診療所は、指定の有効期限前に地方厚生局より指定更新の案内が来ますので、指定更新の手続きが必要です。

関連する主な一連手続 ➡ 該当なし

Ⅳ 保険医療機関指定申請に関する手続き

個-33 保険医療機関の廃止・休止・再開届の提出

◆ 個-33 保険医療機関の廃止・休止・再開届の提出

届出先＆提出書類	提出期限
地方厚生局 ・保険医療機関廃止・休止・再開届	事実発生後速やかに

🍃 ポイント解説

　保険医療機関を廃止、休止または再開した場合には、地方厚生局に届出をします。

関連する主な一連手続 ➡ 連-2、連-3、連-12、連-14、連-23、連-31

143

第2編　個別の手続き

② オンライン資格確認実施医療機関に関する手続き

◆ 個-34　オンライン資格確認の導入のための受付番号の情報提供依頼（保険医療機関指定申請と同時にオンライン資格確認を始める場合）

届出先＆提出書類	提出期限
地方厚生局 ・受付番号情報提供依頼書	およそ2か月前（地方厚生局によって異なるので要確認）

ポイント解説

　令和5年4月から、保険医療機関におけるオンライン資格確認システムの導入が原則義務化されました。診療開始月の月初からオンライン資格確認の導入を行うためには、診療開始月の約2か月前から準備が必要です。

　まず、地方厚生局に受付番号情報提供依頼書を提出して、受付番号情報提供依頼書兼回答書をもらう必要があります。

　なお、診療開始月の月初からオンライン資格確認の導入を希望する医療機関は約2か月前から手続きを始める必要がありますが、診療開始後にオンライン資格確認の導入手続を始めることもできます。

Ⅳ 保険医療機関指定申請に関する手続き

個-34 オンライン資格確認の導入のための受付番号の情報提供依頼

> 問4
> 　保険医療機関等として診療等を開始した後、しばらく検討した上で、オンライン資格確認を導入しようと考えていますが、仮コードや受付番号の発行依頼をしなければなりませんか。
> （答）
> 　保険医療機関等として診療等を開始した後、しばらくしてからオンライン資格確認を導入する場合は、地方厚生（支）局都府県事務所等から発行された医療機関等コードを用いて医療機関等向けポータルサイトへアカウント登録等を行ってください。仮コードや受付番号の発行依頼は不要です。

（令和3年1月20日付　厚生労働省の事務連絡のQ&Aより抜粋）

　また関東信越厚生局のウェブサイトにも、「保険医療機関等が『オンライン資格確認』を利用するためには、医療機関コードが必要となります。保険医療機関または保険薬局の指定を受けようとしている医療機関等が、診療開始月の月初からオンライン資格確認を利用するために、医療機関等コードの代替として活用できる受付番号を情報提供します。」と書かれているように、必ずしも医療機関等コードの代替である受付番号が必要なわけではありません。

　ちなみに保険医療機関指定申請をする際にオンライン資格確認の導入計画書の提出が必要なので、診療開始後にオンライン資格確認の導入手続きを始めるときでも、速やかにオンライン資格確認を導入する必要があります。

　最新情報は医療機関等向けポータルサイトおよび地方厚生局ホームページを参照ください。

関連する主な一連手続 ➡ 連-2、連-3、連-13

第2編　個別の手続き

◆ 個-35　医療機関等向けポータルサイトへのアカウント登録

手続き	提出期限
オンライン資格確認実施機関（社会保険診療報酬支払基金） ・受付番号の情報提供依頼 **医療機関等向けポータルサイト** ・アカウント登録 ・オンライン資格確認の利用申請 ・電子証明書発行申請	・オンライン資格確認実施機関→保険診療開始の前月の15日まで ・医療機関等向けポータルサイト→受理連絡後、直ちに

提出順
①オンライン資格確認実施機関 ②医療期間等向けポータルサイト

ポイント解説

　オンライン資格確認の導入のための受付番号の情報提供依頼（ 個-34 ）で地方厚生局から発行された受付番号情報提供依頼書兼回答書をオンライン資格確認実施機関(社会保険診療報酬支払基金)へメール（iryo01@ssk.or.jp）で提出します。メール送信後、3営業日後には受理連絡が来ますので、医療機関等向けポータルサイトに受付番号でアカウント登録をします。

　なお、診療開始後にオンライン資格確認の導入手続を始めるときは、医療機関等向けポータルサイトに医療機関等コードでアカウント登録をします。

　続いて医療機関等向けポータルサイトから、オンライン資格確認利用申請と電子証明書発行申請をします。電子証明書通知書（簡易書留）が届きますので、機器と通知書が揃ったらシステム事業者に設定・運用テストをしてもらいます。

Ⅳ　保険医療機関指定申請に関する手続き

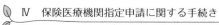
個-35　医療機関等向けポータルサイトへのアカウント登録

　運用準備が完了したら、医療機関等向けポータルサイトで運用開始日の入力を行います。
　その後は、保険医療機関指定申請（ 個-27 ）を行います。
　最新情報は医療機関等向けポータルサイトおよび地方厚生局ホームページを参照ください。

関連する主な一連手続 ➡ 連-2、連-3、連-13

第2編　個別の手続き

◆ 個-36　医療機関等向けポータルサイトでのコード変更（承認申請）

手続き	提出期限
医療機関等向けポータルサイト ・コード変更（承認申請）	承継後速やかに

ポイント解説

　期日を遡及して保険医療機関の指定を受け、かつ、承継元の医療機関がオンライン資格確認を実施していた場合は、医療機関等コードを変更して新旧紐付処理を行うことで承継先の医療機関でも使用することができます。

　この手続きは医療機関等向けポータルサイトで行います。

関連する主な一連手続 ➡ 連-12

Ⅳ 保険医療機関指定申請に関する手続き
個-37 生活保護法指定医療機関指定申請

③ 生活保護法指定医療機関に関する手続き

◆ 個-37　生活保護法指定医療機関指定申請

届出先＆提出書類	提出期限
都道府県福祉事務所 ・生活保護法指定医療機関指定申請書	事前

ポイント解説

　前提として、生活保護法指定医療機関の指定を受けるためには、健康保険法の保険医療機関の指定を受けている必要があります。

　なお、令和5年7月から保険医療機関の指定申請と同時に生活保護法指定医療機関の指定申請も行うことが可能になりましたので、同時に指定申請する場合は保険医療機関指定申請（ 個-27 ）に併記して提出します。

　ただし、保険医療機関の指定をすでに受けている医療機関で、生活保護法指定医療機関の指定を新たに受けたい場合は、管轄の都道府県福祉事務所に生活保護法指定医療機関指定申請書を提出します。

　原則として申請書を提出した月の1日から指定されますが、以下の1から3に該当する場合は、指定日の遡及が認められることがあります。

1　指定医療機関の開設者が変更になった場合で、前開設者の変更と同時に引き続いて開設され、患者が引き続き診療を受けている場合
2　指定医療機関が移転し、新旧医療機関を開設、廃止した場合で、患者が引き続いて診療を受けている場合
3　指定医療機関の開設者が個人から法人組織に、または法人組

織から個人に変更になった場合で、患者が引き続いて診療を受けている場合

遡及指定については管轄の都道府県福祉事務所に相談されることをお勧めします。

関連する主な一連手続 ➡ 連－2、連－3、連-12、連-13

Ⅳ 保険医療機関指定申請に関する手続き
個-38 生活保護法指定医療機関変更届出書の提出

◆ 個-38　生活保護法指定医療機関変更届出書の提出

届出先＆提出書類	提出期限
都道府県福祉事務所 ・生活保護法指定医療機関変更届出書	変更後 10 日以内

ポイント解説

　生活保護法指定医療機関に指定されている医療機関は、下記事項に変更があったときは 10 日以内に変更届を提出しなければなりません。

【変更事項】
　・医療機関の名称および所在地
　・開設者の氏名
　・管理者の氏名、生年月日および住所
　・その他必要な事項

　なお、令和 5 年 7 月から保険医療機関に関する手続きと生活保護法指定医療機関に関する手続きは同時に行うことが可能になりましたので、保険医療機関届出事項変更（異動）届（ 個-29 ）に併記する場合は、この手続きは不要になります。

関連する主な一連手続 ➡ 連-10 、 連-11 、 連-20 、 連-21 、 連-22 、 連-27

第2編　個別の手続き

◆ 個-39　生活保護法指定医療機関指定申請（更新）

届出先＆提出書類	提出期限
地方厚生局または都道府県福祉事務所 ・生活保護法指定医療機関指定申請書（更新）	指定の効力を失う前

ポイント解説

　生活保護法指定医療機関は、原則6年ごとに指定更新をする必要があります。指定更新が必要な場合は、指定の有効期限前に地方厚生局より指定更新の案内が来ます。

　なお、生活保護法に「前条及び健康保険法第六十八条第二項の規定は、第一項の指定の更新について準用する。この場合において、必要な技術的読替えは、政令で定める。」という規定があるので、保険医である医師もしくは歯科医師の開設する診療所である生活保護法指定医療機関であって、その指定を受けた日から概ね引き続き当該開設者である保険医のみが診療に従事しているものまたはその指定を受けた日から概ね引き続き当該開設者である保険医およびその者と同一の世帯に属する配偶者、直系血族もしくは兄弟姉妹である保険医のみが診療に従事している場合は、指定の効力を失う6か月前から3か月までの間に、別段の申出がないときは、更新の申請があったものとみなされます。

　ただし、上記以外の個人開設の診療所および医療法人が開設する診療所は、指定更新の手続きが必要となります。

　また、令和5年7月より保険医療機関の指定申請と生活保護法指定医療機関の指定申請を同時に地方厚生局に提出することが可能になりましたが、引き続き、保険医療機関等の申請と別に、生活保護法指定医療機関の申請を直接都道府県福祉事務所に提出することも可能です。

　したがって、保険医療機関の更新時期と生活保護法指定医療機関の更新時期が合わない場合は、都道府県福祉事務所に提出します。

関連する主な一連手続 ➡ 該当なし

Ⅳ 保険医療機関指定申請に関する手続き
個-40 生活保護法指定医療機関廃止・休止・再開・辞退届の提出

◆ 個-40 生活保護法指定医療機関廃止・休止・再開・辞退届の提出

届出先＆提出書類	提出期限
都道府県福祉事務所 ・生活保護法指定医療機関廃止・休止・再開・辞退届	廃止、休止、再開した場合は 10 日以内 生活保護法の指定のみを辞退する場合は 30 日前まで

ポイント解説

　生活保護法指定医療機関を廃止、休止または再開した場合には、都道府県福祉事務所に届出をします。ただし、生活保護法の指定のみを辞退する場合は 30 日以上の予告期間を設けて、都道府県福祉事務所に辞退届を提出します。

　なお、令和 5 年 7 月より保険医療機関の指定申請と生活保護法指定医療機関の指定申請を同時に地方厚生局に提出することが可能になりましたが、引き続き、保険医療機関等の申請と別に、生活保護法指定医療機関の申請を直接都道府県福祉事務所に提出することも可能です。

　したがって、保険医療機関と生活保護法指定医療機関の手続きを同時に行う時は地方厚生局に、生活保護法指定医療機関の手続きのみを行う時は都道府県福祉事務所に提出します。

関連する主な一連手続 ➡ 連-2、連-3、連-12、連-14、連-23、連-31

第2編　個別の手続き

④　労災保険指定医療機関に関する手続き

◆ 個-41　労災保険指定医療機関指定申請

届出先＆提出書類	提出期限
都道府県労働局 ・労災保険指定医療機関指定申請書	事前

ポイント解説

　労災保険指定医療機関になるためには、管轄の都道府県労働局に労災保険指定医療機関指定申請書を提出します。

　労災保険指定医療機関の指定の提出期限は特に定められていませんが、一般的には申請書を提出した翌日から指定を受けることができるので、患者に対して労災保険を適用する前に申請をします。

　ただし、事後であっても遡及の手続きをすれば、遡って労災保険が適用されます。

　詳しい手続きは各都道府県労働局にお問い合わせください。

関連する主な一連手続 ➡ 連-2、連-3、連-12、連-13

Ⅳ 保険医療機関指定申請に関する手続き
個-42 労災保険指定医療機関変更届の提出

◆ 個-42 労災保険指定医療機関変更届の提出

届出先＆提出書類	提出期限
都道府県労働局 ・労災保険指定医療機関変更届	変更後速やかに

ポイント解説

労災保険指定医療機関の開設者は、次の事由が生じた場合には、都道府県労働局に届け出る必要があります。

【変更事項】
- 指定医療機関の開設者または管理者に異動があったとき
- 名称または所在地に変更があったとき
- 診療科目または病床数に変更があったとき
- 健康保険診療報酬の算定に関する届出事項等に変更があったとき（施設基準に係るものを除く）
- 提出した「病院（診療所）施設等概要書」に記載した重要事項等に変更があったとき　等

関連する主な一連手続 ➡ 連-1、連-10、連-11、連-20、連-21、連-22、連-27

第2編　個別の手続き

◆ 個-43　労災保険指定医療機関の更新

届出先＆提出書類	提出期限
都道府県労働局 ・提出書類なし	指定の効力を失う前

ポイント解説

　労災保険指定医療機関の効力は指定日から起算して3年間です。
　ただし、指定の効力を失う日の6か月前から3か月前までに、指定医療機関から別段の申し出がないときは、指定期間はその都度更新されるので、特に指定更新の手続きは不要です。

関連する主な一連手続 ➡ 該当なし

Ⅳ 保険医療機関指定申請に関する手続き

個-44 労災保険指定医療機関休止・辞退届、再開届の提出

◆ 個-44　労災保険指定医療機関休止・辞退届、再開届の提出

届出先＆提出書類	提出期限
都道府県労働局 ・労災保険指定医療機関休止・辞退届、再開届	事実発生後速やかに

ポイント解説

　労災保険指定医療機関を廃止、休止または再開した場合には、都道府県労働局に届出をします。

関連する主な一連手続 ➡ 連-2 、連-3 、連-12 、連-14 、連-23 、連-31

第2編　個別の手続き

5　指定自立支援医療機関に関する手続き

◆ 個-45　指定自立支援医療機関（精神通院医療）指定申請

届出先＆提出書類	提出期限
都道府県精神保健衛生課等 ・指定自立支援医療機関（精神通院医療）指定申請書	事前 都道府県ごとに締切日設定 （例）神奈川県 　　　毎月20日

ポイント解説

　指定自立支援医療機関の指定を受けようとするときは、管轄の都道府県精神保健衛生課等に指定自立支援医療機関（精神通院療法）指定申請書を提出します。

≪添付書類≫
　・医師の経歴書
　・医師免許証の写し
　・誓約書　等

　都道府県によって締切日程が異なるので、確認のうえ申請します。なお、遡及対応はないので締切は厳守する必要があります。

　原則として申請月の翌月1日に指定を受けられますが、審査次第で翌月1日からの指定が難しい場合があります。

　詳しい手続きは、各都道府県精神保健衛生課等にお問い合わせください。

関連する主な一連手続 ➡ 連-2、連-3、連-12、連-13

Ⅳ 保険医療機関指定申請に関する手続き

個-46 指定自立支援医療機関（精神通院医療）変更申請書兼変更届の提出

◆ 個-46 指定自立支援医療機関（精神通院医療）変更申請書兼変更届の提出

届出先＆提出書類	提出期限
都道府県精神保健衛生課等 ・指定自立支援医療機関（精神通院医療）変更申請書兼変更届	変更後速やかに

ポイント解説

　指定自立支援医療機関の開設者は、次の事由が生じた場合には、都道府県精神保健衛生課等に届け出る必要があります。

【変更事項】
- ・主として担当する医師の変更
- ・医療機関の所在地の変更
- ・医療機関の名称変更
- ・開設者（代表者）の変更
- ・標榜している診療科目の変更

関連する主な一連手続 ➡ 連-1、連-10、連-11、連-20、連-21、連-22、連-27

個-47　指定自立支援医療機関（精神通院医療）指定更新申請

届出先＆提出書類	提出期限
都道府県精神保健医療課等 ・指定自立支援医療機関（精神通院医療）指定更新申請書	指定の効力を失う前

ポイント解説

　指定自立支援医療機関の指定は、6年ごとにその更新を受けなければ効力を失います。したがって、引き続き指定を受けたい場合は、効力が切れる前に指定更新申請を行います。

　なお、障害者の日常生活及び社会生活を総合的に支援するための法律60条第2項に「健康保険法第六十八条第二項の規定は、前項の指定の更新について準用する。この場合において、同条第二項中「厚生労働省令」とあるのは、「主務省令」と読み替えるほか、必要な技術的読替えは、政令で定める。」という規定があるので、保険医である医師もしくは歯科医師の開設する診療所である指定自立支援医療機関であって、その指定を受けた日から概ね引き続き当該開設者である保険医のみが診療に従事しているものまたはその指定を受けた日から概ね引き続き当該開設者である保険医およびその者と同一の世帯に属する配偶者、直系血族もしくは兄弟姉妹である保険医のみが診療に従事しているは、指定の効力を失う6か月前から3か月までの間に、別段の申出がないときは、更新の申請があったものとみなされます。

　ただし、上記以外の個人開設の診療所および医療法人が開設する診療所は指定更新の手続きが必要です。

関連する主な一連手続 ➡ 該当なし

IV 保険医療機関指定申請に関する手続き

個-48 指定自立支援医療機関(精神通院医療)休止・再開・廃止届、辞退申出書の提出

◆ 個-48 指定自立支援医療機関（精神通院医療）休止・再開・廃止届、辞退申出書の提出

届出先＆提出書類	提出期限
都道府県精神保健衛生課等 ・（事前）指定自立支援医療機関（精神通院医療）辞退申出書 ・指定自立支援医療機関（精神通院医療）休止届・再開届・廃止届	休止、再開した場合は10日以内 廃止する場合は1か月前まで
提出順	
事前：辞退申出書 事後：休止届、再開届、廃止届	

ポイント解説

　自立支援医療を扱う診療所を廃止する場合、廃止する1か月前までに都道府県精神保健課等に対して指定自立支援医療機関辞退申出書を提出する必要があります。

　指定自立支援医療機関を廃止、休止または再開した場合には、都道府県精神保健衛生課等に届出をします。

関連する主な一連手続 ➡ 連－2 、連－3 、連-12 、連-14 、連-23 、連-31

第 2 編　個別の手続き

Ⅴ　診療所運営に関する手続き

1　麻酔科標榜・麻薬関係に関する手続き

◆ 個-49　麻酔科標榜許可申請

届出先＆提出書類	提出期限
厚生労働省医政局総務課 ・麻酔科標榜許可申請書	事前（例年 1 月末、5 月末、9 月末）

ポイント解説

麻酔科を標榜するためには、従事する医師が厚生労働大臣の許可を受ける必要があります。許可にあたり医道分科会麻酔科標榜資格審査部会に諮ったうえでの結果通知（例年 4 月、8 月、12 月頃）となるため、その時期を考慮のうえ提出締切日まで（例年 1 月末、5 月末、9 月末）に電子申請システムにて申請を行います。

【許可の基準】

1　医師免許を受けた後、麻酔の実施に関して十分な修練（麻酔指導医の実地の指導の下に専ら麻酔の実施に関する医業を行うこと）を行うことのできる病院等において 2 年以上修練をしたこと

2　医師免許を受けた後、2 年以上麻酔の業務に従事し、かつ、麻酔の実施を主に担当する医師として気管への挿管による全身麻酔を 300 症例以上実施した経験を有していること

なお、麻酔科を広告するときは麻酔科標榜許可を受けた麻酔科医の氏名をあわせて掲載しなければなりません。

> 関連する主な一連手続 ➡ 連-2、連-3、連-12、連-13、連-14、連-23

V 診療所運営に関する手続き

個-50 麻薬施用者免許申請、麻薬管理者免許申請

◆ 個-50 麻薬施用者免許申請、麻薬管理者免許申請

届出先＆提出書類	提出期限
都道府県 ・麻薬施用者免許申請書 ・麻薬管理者免許申請書	事前

ポイント解説

　疾病治療の目的で業務上麻薬の施用を行う際は、都道府県に免許の申請を行う必要があります。

　麻薬診療施設に麻薬施用者が1人しかいない場合は、麻酔管理者を置く必要はありませんが、2人以上の麻薬施用者が従事する麻薬診療施設である場合は、麻薬管理者を置かなければなりません。この場合、麻薬施用者が麻薬管理者を兼ねてもかまいません。

　麻薬施用者免許証の交付は、当該医師が麻薬の施用を行う病院または診療所ごとに行われます。したがって、同一都道府県内で2か所以上の病院または診療所で麻薬施用を伴う診療業務を行いたい場合は、一方を「麻薬業務所」とし、他方を「従として診療に従事する麻薬診療施設」として申請します。

　麻薬診療施設に麻薬施用者が1人の場合は麻薬施用者免許のみで足りますが、麻薬診療施設に麻薬施用者が2人以上いる場合は麻薬管理者免許申請も必要となります。

関連する主な一連手続 ➡ 連-2、連-3、連-12、連-13、連-14、連-23

第2編　個別の手続き

◆ 個-51　麻薬施用者（管理者）の年間届の提出

届出先＆提出書類	提出期限
都道府県 ・麻薬施用者の年間届、麻薬管理者の年間届	例年10月1日から11月30日まで

ポイント解説

　麻薬施用者が1人の麻薬診療施設は麻薬施用者の年間届を、麻酔施用者が2人以上いる麻薬診療施設は麻薬管理者の年間届を都道府県に提出します。

　毎年10月1日から翌年9月30日までの麻薬の譲受・処方（交付）の品名および数量を記入し、毎年11月30日までに提出しなければなりません。麻薬を使っていない年でも提出が必要となります。

関連する主な一連手続 ➡ 連-2、連-3、連-12、連-13、連-14、連-23

V　診療所運営に関する手続き

個-52　麻薬施用者（管理者）業務廃止届の提出

◆ 個-52　麻薬施用者（管理者）業務廃止届の提出

届出先＆提出書類	提出期限
都道府県 ・麻薬施用者（管理者）業務廃止届	廃止後 15 日以内

 ポイント解説

　免許の期間中に麻薬に関する業務を廃止した場合は、15 日以内に都道府県に対して廃止の届出を行わなければなりません。

　麻薬施用者業務廃止届は、都道府県内での麻薬に関する業務を止めたとき、または死亡したときに提出します。死亡の場合は、相続人等が届出義務者となります。

　また、麻薬管理者業務廃止届は麻薬診療施設が移転したとき、現在の麻薬診療施設での麻薬に関する業務を廃止したとき、麻薬診療施設を廃止したとき、死亡したとき、麻薬診療施設の開設者が変更となったとき（個人から法人等）に提出します。死亡の場合は、相続人等が届出義務者となります。

　なお、麻薬業務廃止により麻薬業務所に麻薬施用者が 1 人もいなくなった場合（診療所の廃止等）は別途、麻薬所有届（ 個-53 ）の提出が必要となり、また残余麻薬を他の麻薬業務所等に譲渡した場合は麻薬譲渡届（ 個-54 ）、また麻薬を廃棄する場合は麻薬廃棄届も提出します。

関連する主な一連手続 ➡ 連 - 2 、連 - 3 、連-12 、連-13 、連-14 、連-23

第 2 編　個別の手続き

◆ 個-53　麻薬所有届の提出

届出先＆提出書類	提出期限
都道府県 ・麻薬所有届 ※所有麻薬ありとなしとで様式が異なる	事実発生から 15 日以内

ポイント解説

下記の変更があった場合は、都道府県に対して麻薬所有届を提出します。

麻薬の所有がない場合も提出が必要です。

【変更事項】
・麻薬業務所を移転したとき
・開設者を変更したとき
・麻薬の取扱いをやめたとき

廃止時に麻薬を所有していて、麻薬及び向精神薬取締法第 36 条の規定に基づく譲渡を行わない場合、都道府県職員立会いの下、麻薬を廃棄する必要があります。譲渡または廃棄を行わないまま、50 日を過ぎて麻薬を所持していた場合は不法所持となります。

麻薬診療施設でなくなった場合には、麻薬所有届の他に麻薬施用者（管理者）業務廃止届（ 個-52 ）と、麻薬廃棄届または麻薬譲渡届（ 個-54 ）が必要となります。

関連する主な一連手続 ➡ 連 - 2 、 連 - 3 、 連-12 、 連-13 、 連-14 、 連-23

V 診療所運営に関する手続き

個-54 麻薬廃棄届、麻薬譲渡届の提出

◆ 個-54　麻薬廃棄届、麻薬譲渡届の提出

届出先＆提出書類	提出期限
都道府県 　・麻薬廃棄届 　・麻薬譲渡届	廃止時は 50 日以内 譲渡時は 15 日以内

ポイント解説

　古くなった麻薬、調薬過誤により使用できなくなった麻薬等を廃棄しようとするときは都道府県に対して麻薬廃棄届が必要です。

　麻薬診療施設を廃止したときに、麻薬を所有している場合は50日以内に麻薬廃棄届を提出し、都道府県職員の立会いの下で麻薬を廃棄するか、都道府県内の麻薬営業者、麻薬診療施設開設者、麻薬研究施設設置者へ譲渡し、麻薬譲渡届を提出する必要があります。

　麻薬診療施設でなくなった場合には、麻薬廃棄届または麻薬譲渡届の他に麻薬施用者（管理者）業務廃止届（ 個-52 ）と、麻薬所有届（ 個-53 ）が必要となります。

麻酔科標榜

第 2 編　個別の手続き

 実務のツボ！お役立ちアドバイス

麻薬及び向精神薬取締法等違反と医業停止処分

　医師または歯科医師は罰金以上の刑に処せられた場合、3年以内の医業停止の処分を受ける可能性があります。

　例えば2022年と2023年に医業停止、医師免許取消または戒告となった者は免許取消7人、医業停止90人、戒告22人の合計119人でした。ちなみに戒告とは、行政処分の対象となった非違行為について、再発を防止するように戒める処分のことです。そして119人のうち6人は、麻薬及び向精神薬取締法等違反で処分を受けています。

　古くなった麻薬や調薬過誤により使用できなくなった麻薬であっても破棄するときは届出が必要ですが、これらに違反すると麻薬及び向精神薬取締法違反となります。たとえ麻薬管理者が理解していても、それ以外の医師や看護師等が知らずに棄ててしまうケースもあるようです。

　実際に麻薬廃棄届や麻薬譲渡届を提出しなかったことで、医業停止の処分を受けた医師は実在するので注意が必要です。

関連する主な一連手続 ➡ 連-2 、連-3 、連-12 、連-13 、連-14 、連-23

V 診療所運営に関する手続き
個-55 機械等移転（設置）届、（変更）届の提出

② 医療機器設置に関する手続き

◆ 個-55　機械等移転（設置）届、（変更）届の提出

届出先＆提出書類	提出期限
労働基準監督署 ・機械等移転（設置）届、（変更）届	工事開始の30日前まで

ポイント解説

　診療用エックス線装置（レントゲン）を設置する場合に保健所に診療用エックス線装置設置届を提出することは広く知られていますが、労働安全衛生法第88条の規定により診療用エックス線装置を設置するときは、その計画を当該工事の開始の日の30日前までに労働基準監督署に届け出る必要があります。あくまで設置届ではなく、計画の届出なので廃止届はありません。労働基準監督署による立入調査（臨検）で不提出について指摘されることがあるので注意が必要です。

関連する主な一連手続 ➡ 連-2、連-3、連-12、連-13、連-14、連-23

第 2 編　個別の手続き

◆ 個-56　高周波利用設備許可申請、変更許可申請、廃止届の提出

届出先＆提出書類	提出期限
総務省総合通信局 ・高周波利用設備許可申請、変更許可申請、廃止届	実際に使用開始する1か月前

ポイント解説

　以下の設備を設置する場合は、使用開始する1か月前までに総務省総合通信局に許可申請をします。総務省総合通信局は標準処理期間を1か月としていますが、申請書類等に不備がある場合は、1か月を超える場合があり得ます。

　許可を得てからでないと使用できませんので、余裕をもって申請してください。

【許可が必要な設備】
　・超音波治療器（治療用）
　・超音波温浴器（治療用）
　・超音波メス（治療用）
　・結石破壊装置（治療用）
　・歯石除去装置（治療用）
　・白内障手術装置（治療用）
　・超音波診断装置（診断用）
　・超音波パルス診断装置（診断用）
　・超音波濃度計（診断用）
　・超音波ドプラ診断装置（診断用）
　・超音波スペクトロメーター
　・ハイパーサーミア
　・マイクロ波治療器
　・超短波治療器

Ⅴ　診療所運営に関する手続き

個-56 高周波利用設備許可申請、変更許可申請、廃止届の提出

・電気メス（サージトロン）
・ラジオメス
・核磁気共鳴診断装置（CRT、CT、MRI）

　高周波利用設備を移設する場合は、使用開始する1か月前まで変更許可申請が必要です。
　廃止の場合は、廃止後1か月以内に総務省総合通信局に許可状を返納するとともに廃止届を提出します。

関連する主な一連手続 ➡ 連-2、連-3、連-12、連-13、連-14、連-23

第 2 編　個別の手続き

③　消防署に対する手続き

◆ 個-57　防火対象物使用開始届出書の提出

届出先＆提出書類	提出期限
消防署 ・防火対象物使用開始届出書	使用を開始する 7 日前まで

ポイント解説

　防火対象物となる建物や建物の一部をこれから使用しようとする際は、使用を始める 7 日前までに、建物を実際に使用する者が、その内容を防火対象物を管轄する消防署に届け出なければなりません。

　診療所で使う建物はほぼすべて防火対象物となるので、消火器は150㎡、自動火災報知設備は延面積が 300㎡以上、消防機関へ通報する火災報知装置は 500㎡以上で設置が義務となります。

　防火対象物使用開始届出書は、設計事務所や内装工事を行う業者が届け出ることが多いですが、中には届け出ない業者もいるようなので、必ず確認することをお勧めします。

関連する主な一連手続 ➡ 連 - 2 、連 - 3 、連-12、連-13

V 診療所運営に関する手続き

個-58 防火防災管理者選任（解任）届出書の提出

◆ 個-58　防火防災管理者選任（解任）届出書の提出

届出先＆提出書類	提出期限
消防署 ・防火防災管理者選任（解任）届出書	選任または解任後速やかに

ポイント解説

　「防火管理」とは、火災の発生を防止し、かつ、万一火災が発生した場合でも、その被害を最小限にとどめるため、必要な対策を立て、実行することです。

　「防災管理制度」とは、火災以外の災害（地震や毒性物質の発散等）による被害の軽減のために、大規模な防火対象物の管理権限者に対して、防災管理者の選任、防災管理に係る消防計画の作成など必要な業務を行わせるものです。

　消防法では、劇場・飲食店・店舗・ホテル・病院など不特定多数の人が出入りする用途がある防火対象物を「特定用途の防火対象物」といい、そのうち、防火対象物全体の収容人員が 30 人以上の場合は防火管理者の選任が必要です。また、防火管理が必要となる建物のうち一定の面積以上の建物には防災管理者の選任が必要です。そして防火管理業務と防災管理業務を一体的に行うため、防火管理者と防災管理者は同一の者を選任することが法令で定められています。

　防火・防災管理者を選任または解任するときは、防火防災管理者選任（解任）届出書を管轄の消防署に提出します。また、防火・防災管理者に選任された者は、消防計画を作成し、管轄の消防署に届け出る義務があります。

　　関連する主な一連手続 ➡ 連-2、連-3、連-12、連-13、連-14、連-23

第2編　個別の手続き

◆ 個-59　消防計画作成（変更）届出書の提出

届出先＆提出書類	提出期限
消防署 ・消防計画作成（変更）届出書	計画作成後速やかに

ポイント解説

　防火・防災管理者に選任された者は、消防計画を作成し、管轄の消防署に届け出る義務があります。消防計画は一度届け出れば変更がない限り再度の届出は基本的に不要ですが、作成した消防計画に基づき、自主検査（日常・定期）や自衛消防訓練、その他防火管理業務を実施する義務があります。

関連する主な一連手続 ➡ 連-2、連-3、連-12、連-13

V 診療所運営に関する手続き

個-60 再生医療等委員会認定申請

④ 再生医療等に関する手続き

◆ 個-60　再生医療等委員会認定申請

届出先＆提出書類	提出期限
地方厚生局または地方厚生局を経由して厚生労働大臣	
・再生医療等委員会認定申請書	事前

ポイント解説

　再生医療等の安全性確保等に関する法律（平成25年法律第85号）により、再生医療等を新規で始めるにあたり、再生医療等提供基準に適合しているか、再生医療等提供計画書に書類不備がないか、計画に問題がないか、再生医療等を提供する準備ができているか等を審査するため、認定委員会に審査を依頼する必要があります。

　認定委員会には、第一種再生医療等と第二種再生医療等を含めたすべての再生医療等の審査を行うことができる「特定認定再生医療等委員会」と、第三種再生医療等の審査のみを行うことができる「認定再生医療等委員会」があります。

　既存の認定委員会に審査を依頼することが多いですが、もし新たに再生医療等委員会の認定を申請する場合は、地方厚生局または地方厚生局を経由して厚生労働大臣に再生医療等委員会認定申請書を提出します。委員会委員の構成要件や委員会の成立要件を充たす必要がありますし、その他に審査等業務を行う体制等を記載します。

関連する主な一連手続 ➡ 連-32

第2編　個別の手続き

◆ 個-61　再生医療等提供計画の提出

届出先＆提出書類	提出期限
地方厚生局または地方厚生局を経由して厚生労働大臣 ・再生医療等提供計画	事前

ポイント解説

　再生医療等の安全性の確保等に関する法律（平成25年法律第85号）により、再生医療等を提供しようとする医療機関の管理者は、再生医療等提供計画について第一種再生医療等と第二種再生医療等は「特定認定再生医療等委員会」の、第三種再生医療等は「認定再生医療等委員会」の審査を経て、第一種再生医療等は厚生労働大臣に、第二種再生医療等と第三種再生医療等は地方厚生局長に再生医療等提供計画を提出します。

　提供する再生医療等の詳細や提供する再生医療等の安全性についての検討内容などを記載し、認定再生医療等委員会が述べた意見書を添付します。

　再生医療等の区分ごとに再生医療等提供計画を提出する必要があります。

　医療機関内で特定細胞加工物を製造する場合は、再生医療等提供計画を提出する前に特定細胞加工物製造届出書（個-62）の提出が必要です。

関連する主な一連手続 ➡ 連-32

Ⅴ　診療所運営に関する手続き

個-62　特定細胞加工物製造届書の提出

◆ 個-62　特定細胞加工物製造届書の提出

届出先＆提出書類	提出期限
地方厚生局 ・特定細胞加工物製造届書	特定細胞加工物製造開始前

ポイント解説

　再生医療等の安全性確保等に関する法律（平成25年法律第85号）により、国内の医療機関等内で特定細胞加工物を製造する場合は、細胞培養加工施設ごとに、地方厚生局に特定細胞加工物製造届書を提出します。

　医療機関以外が特定細胞加工物を製造しようとする場合は、施設ごとに地方厚生局長の許可を受ける必要がありますが、医療機関内で再生医療等に用いる特定細胞加工物を製造する場合は届出のみです。

　なお、特定細胞加工物製造許可を取得した外部施設に培養を委託する場合はこの届出は不要です。

　また、特定細胞加工物製造届書の提出が完了した後に再生医療等提出計画の提出（ 個-61 ）も必要です。

関連する主な一連手続 ➡ 連-32

個-63　再生医療等提供状況の定期報告

届出先＆提出書類	提出期限
地方厚生局または地方厚生局を経由して厚生労働大臣 ・再生医療等提供状況定期報告書	再生医療等提供計画を厚生労働大臣または地方厚生局長へ提出した日から起算して、1年ごとに当該期間満了後90日以内

ポイント解説

　再生医療等の安全性確保等に関する法律（平成25年法律第85号）により、再生医療等の提供状況について、再生医療等提供機関の管理者は、再生医療等提供計画に記載された再生医療等技術ごとに、当該再生医療等を受けた者の数、当該再生医療等に係る疾病等の発生状況およびその後の経過などを「特定認定再生医療等委員会」または「認定再生医療等委員会」の審査を経て、地方厚生局等に1年ごとに報告書しなければなりません。再生医療等の提供を続ける限り、定期報告は毎年必要になるので、委員会に支払う定期報告の手数料は事前に確認しておくことをお勧めします。

　「特定認定再生医療等委員会」または「認定再生医療等委員会」が報告に対する意見を述べた場合は、その意見を添付します。

関連する主な一連手続 ➡ 連-32

V　診療所運営に関する手続き

個-64　身体障害者福祉法第15条第1項の規定による医師の新規指定、変更届出

⑤　15条指定医に関する手続き

◆ 個-64　身体障害者福祉法第15条第1項の規定による医師の新規指定、変更届出

届出先＆提出書類	提出期限
都道府県 ・身体障害者福祉法第15条第1項の規定による医師の新規指定、変更届出書	都道府県によって異なる

ポイント解説

　身体障害者福祉法第15条第1項の規定による医師（身体障害者手帳の交付申請に必要な「身体障害者診断書・意見書」を作成する医師、いわゆる「15条指定医」）として指定を受ける場合は、医療機関の開設者または管理者の同意書、医師の経歴書を添付した指定申請書を都道府県に提出します。

　15条指定医の指定は都道府県によって異なりますが、東京都では1月、4月、7月、10月の年4回（予定）で、神奈川県では3月、7月、11月の年3回（予定）となっています。

　診療に従事する医療機関または氏名に変更が生じたときは変更届出書を、15条指定医が死亡した時は死亡届を、15条指定医を辞退するときは辞退届を、それぞれ都道府県に提出します。

関連する主な一連手続 ➡ 連-2、連-3、連-13、連-23

6 産業廃棄物に関する手続き

◆ 個-65　特別管理産業廃棄物管理責任者設置（変更）届出

届出先＆提出書類	提出期限
都道府県 ・特別管理産業廃棄物管理責任者設置（変更）報告書	特別管理産業廃棄物管理責任者設置（変更）後30日以内

ポイント解説

　産業廃棄物のうち「爆発性、毒性、感染性その他の人の健康または生活環境に係る被害を生ずるおそれのある性状を有する廃棄物」は特別管理産業廃棄物となりますが、特別管理産業廃棄物を排出する医療機関は、特別管理産業廃棄物管理責任者を設置する義務があります。

　そして廃棄物の処理及び清掃に関する法律第12条の2第8項に基づき、特別管理産業廃棄物管理責任者を設置した場合は、事業場の名称、所在地、責任者氏名等を都道府県に届け出る必要があります。

　なお、医師、歯科医師、薬剤師、獣医師、保健師、助産師、看護師、臨床検査技師、衛生検査技師または歯科衛生士は、特別管理産業廃棄物管理責任者になれます。

関連する主な一連手続 ➡ 連-33

V　診療所運営に関する手続き

個-66　産業廃棄物管理票交付等状況報告

◆ 個-66　産業廃棄物管理票交付等状況報告

届出先＆提出書類	提出期限
都道府県 ・産業廃棄物管理票交付等状況報告書	前年4月1日から3月31日までに交付した産業廃棄物管理票について6月30日まで

ポイント解説

　排出事業者（医療機関を含む）が産業廃棄物の処理を業者に委託する際に、定められた事項を記載した産業廃棄物管理票（マニフェスト）を交付し、産業廃棄物が委託契約内容に基づき適正に処理されていることを確認しなければなりません。

　そして廃棄物の処理及び清掃に関する法律第12条の3第7項に基づき、産業廃棄物管理票（マニフェスト）を交付した排出事業者（医療機関を含む）は、事業場ごとに産業廃棄物の種類、排出量、管理票の交付枚数等を記載した産業廃棄物管理票交付等状況報告書を都道府県に提出しなければなりません。

関連する主な一連手続 ➡ 連-33

第2編 個別の手続き

⑦ 自動車・認可外保育に関する手続き

◆ 個-67　自動車登録申請

届出先＆提出書類	提出期限
管轄運輸支局 ・自動車登録申請書	変更事由があった日から15日以内

ポイント解説

　道路運送車両法第12条に基づき、自動車所有者の氏名もしくは名称もしくは住所または使用の本拠の位置に変更があったときは、管轄の運輸支局に対して変更登録の申請を行います。

　住所または使用の本拠位置の変更により、管轄の運輸支局が変わる場合は、ナンバープレートの変更も必要になります。

　また、道路運送車両法第13条に基づき、自動車所有者の変更があったときは、管轄の運輸支局に対して移転登録の申請を行います。医療法人から理事長個人あるいは、理事長個人から医療法人への名義変更は、利益相反行為に該当し、「第三者の許可、同意または承諾を要する」ことから、医療法人の理事会（または社員総会等）の議事録等の写しが必要になります。

関連する主な一連手続 ➡ 該当なし

V 診療所運営に関する手続き

個-68 認可外保育施設の設置届、事業内容等変更届、廃止届の提出

◆ 個-68 認可外保育施設の設置届、事業内容等変更届、廃止届の提出

届出先＆提出書類	提出期限
都道府県 ・認可外保育施設設置届、事業内容等変更届、廃止届	事実発生から1か月以内

ポイント解説

「認可外保育施設」とは、都道府県が認可している認可保育所、認定こども園および地域型保育事業（家庭的保育事業、小規模保育事業、事業所内保育事業または居宅訪問型保育事業）以外の保育を行うことを目的とする施設（少人数のものを含む）の総称です。

ちなみに事業所内保育施設の運営は、市区町村の認可を受けて実施する方法と、認可外保育施設として運営する方法があります。認可外保育施設を設置した場合は、その施設の事業開始の日から1か月以内に都道府県に設置届を提出します。認可外保育施設の名称・所在地・連絡先、設置者の氏名・住所・連絡先、管理者（施設長）の氏名・住所、設備の規模・構造等を変更した場合は、変更した日から1か月以内に都道府県に変更届を提出します。

認可外保育施設を廃止した場合は、廃止した日から1か月以内に都道府県に廃止届を提出します。

関連する主な一連手続 ➡ 該当なし

第2編　個別の手続き

8　屋外広告物に関する手続き

◆ 個-69　道路使用許可申請

届出先＆提出書類	提出期限
警察署 ・道路使用許可申請書	事前

ポイント解説

　道路交通法第77条第1項第2号により「道路に石碑、銅像、広告板、アーチその他これらに類する工作物を設けようとする者」は看板設置前に管轄の警察署に道路使用許可申請をしなければならないので、道路上にはみ出して広告塔や袖看板等を設置する場合は、事前に道路使用許可の対象になるかどうかの確認が必要です。

　なお、道路使用許可は看板設置前に必要な手続きで、道路占用許可（個-70）は道路を継続的に使用するために必要な手続きなので、看板を道路上にはみ出して設置する場合は、道路使用許可と道路占用許可のどちらも必要となります。道路使用許可と道路占用許可の両方の許可が必要となる場合の申請は、道路管理者または警察署のいずれか一方を経由して一括で行うことができます。

関連する主な一連手続 ➡ 連-2、連-3、連-12、連-13、連-14、連-23

V 診療所運営に関する手続き
個-70 道路占用許可申請

◆ 個-70　道路占用許可申請

届出先＆提出書類	提出期限
道路管理者 ・道路占用許可申請書	事前

ポイント解説

　看板等を道路上にはみ出して設置する場合には、道路管理者（国が管理する国道の場合は国土交通省の国道事務所、県または政令指定都市が管理する国道、県道の場合は県等の土木事務所等、市町村道の場合は市町村の土木事務所等）に対して道路占用許可申請をしなければなりません。道路占用許可を受けられる看板等の基準があるので、事前に道路占用許可の対象になるかどうかの確認が必要です。

　道路占用許可の占用期間を過ぎても道路占用を継続する場合は、更新の許可が必要ですし、占用をやめる場合は廃止届の提出が必要です。

　なお、道路使用許可（ 個-69 ）は看板設置前に必要な手続きで、道路占用許可は道路を継続的に使用するために必要な手続きなので、看板を道路にはみ出して設置する場合は道路使用許可と道路占用許可のどちらも必要となります。道路使用許可と道路占用許可の両方の許可が必要となる場合の申請は、道路管理者または警察署のいずれか一方を経由して一括で行うことができます。

　個人開設の診療所が法人化した場合等により占用物件の住所・申請者名称の変更や権利承継があった場合は、住所等変更届や権利承継届の届出が必要となります。

> 関連する主な一連手続 ➡ 連-2 、 連-3 、 連-12 、 連-13 、 連-14 、 連-23

屋外広告

第2編　個別の手続き

◆ 個-71　屋外広告物許可申請

届出先＆提出書類	提出期限
都道府県、指定都市および中核市 ・屋外広告物許可申請書	事前

ポイント解説

「屋外広告物」とは、常時または一定の期間継続して、屋外で、公衆に表示されるものであって、看板、立看板、はり紙およびはり札ならびに広告塔、広告板、建物その他の工作物等に掲出され、または表示されたものならびにこれらに類するものをいいます。

屋外広告物は良好な景観の形成または風致の維持や公衆に対する危害の防止等を目的とした屋外広告物法によって、都道府県、指定都市および中核市が必要な規制を行うことができるとされているので、屋外広告物の掲出禁止区域、適用除外広告物の範囲や面積の規制内容は自治体によって異なります。

さらにその自治体の屋外広告物の規制とは別に、道路使用許可および道路占用許可が必要な場合があるので、自治体の規制だけクリアしていれば法的に問題がないというわけではなく、看板等に関する規制は複雑で難解です。

屋外広告物許可期間は自治体により異なりますが、継続する場合は更新手続が必要ですし、屋外広告物を撤去したときは除却の届出が必要です。

個人開設の診療所が法人化した場合等により屋外広告物設置者に変更があったときは、設置者変更の届出が必要となります。

関連する主な一連手続 ➡ 連-2、連-3、連-12、連-13、連-14、連-23

個-72 個人事業の開業届出、給与支払事務所等の開設届出

Ⅵ 税務に関する手続き

1 税務署に対する手続き

◆ 個-72　個人事業の開業届出、給与支払事務所等の開設届出

届出先＆提出書類	提出期限
税務署 ・個人事業の開業届出書 ・給与支払事務所等の開設届出書	開業後1か月以内

ポイント解説

[1] 個人事業の開業届出書

新たに個人で診療所を開始したときに管轄の税務署に提出します。

[2] 給与支払事務所等の開設届出書

医療法人が国内において給与等の支払事務を取り扱う事務所等を開設した場合に、管轄の税務署に提出します。

なお、個人開設の場合は個人事業の開業届出書を管轄の税務署に提出することになっているので、給与支払事務所等の開設届出書を提出する必要はありません。

ただし、給与の支給人員が常時10人未満で、源泉所得税の納付を毎月ではなく、年2回にまとめて納付できる源泉所得税の納期の特例の承認を受ける場合は、この特例を受けるための承認申請書の提出は必要です。

医療法人で分院を開設した場合、分院も給与等の支払事務所を取り扱う事務所等とするときは、分院の管轄の税務署に提出します。

関連する主な一連手続 ➡ 連-2

第2編　個別の手続き

◆ 個-73　異動届出（税務署）

届出先＆提出書類	提出期限
税務署 　・異動届出書	異動後速やかに

ポイント解説

　医療法人に以下の変更があった場合、異動届出書を管轄の税務署に提出します。
【変更事項】
　・事業年度等の変更
　・主たる事務所の異動
　・資本金の額等の異動
　・法人名称の変更
　・理事長の変更
　・目的等の変更
　・法人の合併
　・法人の分割による事業の譲渡もしくは譲受け
　・法人の解散・清算結了
　・分院等の異動　等

　主たる事務所に異動がある場合は、変更前の管轄の税務署に提出します。

　個人開設で納税地に異動があった場合は、その年の確定申告書に、異動後の納税地を記載することで届け出たことになるので、異動届出書の提出は不要です。

関連する主な一連手続 ➡ 連-4、連-7、連-10、連-11、連-12、連-13、連-14、連-18、連-19、連-20、連-24、連-25、連-26

Ⅵ　税務に関する手続き

個-74　給与支払事務所等の移転届出

◆ 個-74　給与支払事務所等の移転届出

届出先＆提出書類	提出期限
税務署 ・給与支払事務所等の移転届出書	移転後1か月以内

ポイント解説

　医療法人が、主たる事務所を移転した場合、または給与支払事務所等の開設届出書を提出している分院を移転した場合に管轄の税務署に提出します。

関連する主な一連手続 ➡ 連-10 、 連-11 、 連-12 、 連-16

第2編　個別の手続き

◆ 個-75　個人事業の廃業届出、給与支払事務所等の廃止届出

届出先＆提出書類	提出期限
税務署 ・個人事業の廃業届出書 ・給与支払事務所等の廃止届出書	廃止後1か月以内

ポイント解説

[1] 個人事業の廃業届出書

個人開設の診療所を廃業した場合に管轄の税務署に提出します。

[2] 給与支払事務所等の廃止届出書

医療法人が国内において給与等の支払事務を取り扱う事務所等を廃止した場合に、管轄の税務署に提出します。

なお、個人開設の診療所を廃止したときは個人事業の廃業届出書を管轄の税務署に提出することになっているので、給与支払事務所等の廃止届出書を提出する必要はありません。

医療法人で給与支払事務所等の開設届出書を提出している分院を廃止した場合は、分院の管轄の税務署に提出します。

関連する主な一連手続 ➡ 連-2 、 連-3

190

VI 税務に関する手続き

個-76 個人事業の廃業等届出、所得税・消費税の納税地の異動又は変更に関する申出書の提出

◆ 個-76 個人事業の廃業等届出、所得税・消費税の納税地の異動又は変更に関する申出書の提出

届出先＆提出書類	提出期限
税務署 ・個人事業の廃業等届出書 ・所得税・消費税の納税地の異動又は変更に関する申出書	個人事業の廃業等届出書は1か月以内 所得税・消費税の納税地の異動又は変更に関する申出書は異動後速やかに

ポイント解説

　個人開設の診療所の所在地を移転した場合、移転前の管轄の税務署に個人事業の廃業等届出書を提出します。この場合、給与支払事務所等の移転届出書の提出は不要です。

　ただし、個人開設で、納税地を診療所の所在地としている場合は納税地が異動するので、異動前の管轄の税務署に所得税・消費税の納税地の異動又は変更に関する申出書を提出します。

　この場合は、給与支払事務所の所在地も変わるはずなので、給与支払事務所等の移転届出書も管轄の税務署に提出します。

税務署

関連する主な一連手続 ➡ 該当なし

191

個-77 給与所得者の扶養控除等（異動）申告書の提出

届出先＆提出書類	提出期限
給与の支払者（診療所開設者） ・給与所得者の扶養控除等（異動）申告書	その年の最初に給与の支払いを受ける日の前日まで

※なお、当初提出した申告書の記載内容に異動があった場合には、その異動の日後、最初に給与の支払いを受ける日の前日までに異動の内容等を記載した申告書を再提出。

ポイント解説

　この申告書は、本来、給与の支払者を経由して税務署長および市区町村長へ提出することになっていますが、給与の支払者は、税務署長および市区町村長から特に提出を求められた場合以外は、提出する必要はありません。

　なお、給与の支払者はこの申告書を保管する義務があります。

　給与所得者の扶養控除等（異動）申告書を提出している人に支払う給与については「甲欄」を、その他の人に支払う給与については「乙欄」を使って源泉所得税の税額を計算します。2か所以上から給与支払いを受ける人は、主たる勤務先1つに対して給与所得者の扶養控除等（異動）申告書を提出することができます。

　したがって、兼業（副業）先にこの申告書を提出することはできません。

　給与所得者の扶養控除等（異動）申告書は毎年年始めに必ず提出する必要がありますが、給与所得者（職員）の住所、氏名の変更のほか、配偶者や扶養親族に変更があったときも必ず提出する必要があります。

　この申告書をもとに年末調整の計算を行うので、変更があったときは必ず提出するよう職員に依頼してください。

Ⅵ 税務に関する手続き

個-77 給与所得者の扶養控除等（異動）申告書の提出

収入と所得との区別

　給与所得者の扶養控除等（異動）申告書には令和〇年中の所得の見積額を記載する欄がありますが、ここに所得ではなく、収入を記載する方が結構多いです。

　例えば配偶者がパート勤務していて、年間に 100 万円の収入があった場合、所得は 55 万円の給与所得控除額を差し引いた 45 万円になります。

　給与所得者の場合、収入は給与所得控除額を差し引く前の金額のことで、所得は給与所得控除額を差し引いた後の金額のことをいいます。

　給与計算や年末調整を行う担当者が所得ではなく収入と気付き、扶養控除等（異動）申告書を提出した者に確認した場合は、配偶者控除額または扶養控除額を間違うことはありませんが、もし気付かずに記載された金額を所得と思い込んで計算した場合は、配偶者控除額または扶養控除額を間違ってしまう可能性があるので、必ず収入ではなく所得を記入するようにしてください。

関連する主な一連手続 ➡ 連-34 、 連-35 、 連-42

2 都道府県税事務所・市区町村に対する手続き

◆ 個-78　異動届出（都道府県税事務所）

届出先＆提出書類	提出期限
都道府県税事務所 ・異動届出書	異動後速やかに

ポイント解説

医療法人に以下の変更があった場合、異動届出書を管轄の都道府県税事務所に提出します。

【変更事項】
- 事業年度等の変更
- 主たる事務所の異動
- 資本金の額等の異動
- 法人名称の変更
- 理事長の変更
- 目的等の変更
- 法人の合併
- 法人の分割による事業の譲渡もしくは譲受け
- 法人の解散・清算結了
- 分院等の異動（閉鎖を含む）　等

主たる事務所に異動がある場合は、異動前、異動後の都道府県税事務所に提出します。

> 関連する主な一連手続 ➡ 連-4、連-7、連-10、連-11、連-12、連-13、連-14、連-16、連-18、連-19、連-20、連-24、連-25、連-26

Ⅵ 税務に関する手続き

個-79 異動届出（市区町村）

◆ 個-79　異動届出（市区町村）

届出先＆提出書類	提出期限
市区町村 　・異動届出書	異動後速やかに

ポイント解説

　医療法人に以下の変更があった場合、異動届出書を管轄の市区町村に提出します。
【変更事項】
　・事業年度等の変更
　・主たる事務所の異動
　・資本金の額等の異動
　・法人名称の変更
　・理事長の変更
　・目的等の変更
　・法人の合併
　・法人の分割による事業の譲渡もしくは譲受け
　・法人の解散・清算結了、分院等の異動（閉鎖を含む）　等
　主たる事務所に異動がある場合は、異動前、異動後の市区町村に提出します。
　なお、東京都の場合、特別区への提出は不要です。

関連する主な一連手続 ➡ 連-4、連-7、連-10、連-11、連-12、連-13、連-14、連-16、連-18、連-19、連-20、連-24、連-25、連-26

195

第2編　個別の手続き

◆ 個-80　給与支払報告書の提出

届出先＆提出書類	提出期限
市区町村 ・給与支払報告書（個人別明細書） ・給与支払報告書総括表	毎年1月31日まで

ポイント解説

　毎年給与所得者の年末調整を行った事業所は年末調整を行わない者も含めて源泉徴収票を発行しなければなりませんが、源泉徴収票の記載内容を給与支払報告書（個人別明細書）として給与所得者の居住する市区町村の住民税担当部署に給与支払報告書総括表とともに提出しなければなりません。

　事業主は原則として、住民税を特別徴収して給与所得者の給与から控除して毎月納付しなければなりませんが、普通徴収により個人が住民税を納める場合は、給与所得者の居住する市区町村に普通徴収切替理由書を給与支払報告書とともに提出しなければなりません。

Ⅵ 税務に関する手続き

個-80 給与支払報告書の提出

住民税の普通徴収は認められない!?

　事務員がおらず院長自身が給与計算している診療所等では、できるだけ事務負担を減らしたいので普通徴収を希望することがあります。普通徴収の場合、住民税の納付は職員自身が行うので診療所の事務負担はないからです。

　しかし、以前は給与支払報告書に「普通徴収希望」等と記載して提出すれば、普通徴収にできた市区町村はありましたが、最近はどの市区町村も住民税の特別徴収を徹底しており、一定の要件にあてはまらない場合は普通徴収への切替えが認められません。

　普通徴収の切替えが認められる要件例は、以下のとおりです（市区町村によって異なります）。

・総職員数が2人以下の事業所
・他の事業所で特別徴収されている者（乙欄該当者）
・給与が少なく税額が引けない者（市区町村によって金額が異なります）
・給与が毎月支払われていない者
・退職者または退職予定者

関連する主な一連手続 ➡ 該当なし

第 2 編　個別の手続き

◆ 個-81　給与所得者異動届出

届出先＆提出書類	提出期限
市区町村 ・給与所得者異動届出書	異動のあった日の翌月の10日

ポイント解説

　給与所得者異動届出書は、個人住民税を特別徴収している従業員が退職、転勤、休職、死亡などの理由で給与の支払いを受けなくなる際に事業者が提出する書類です。

　提出する際には、退職者が再就職先で特別徴収を続けるか、自分で納付する普通徴収に切り替えるか、最後の給与で一括徴収して納付するか選択しなければなりません。

関連する主な一連手続 ➡ 連-37

Ⅶ 労働・社会保険、労務に関する手続き

1 労働保険（労災保険・雇用保険）に関する手続き

◆ 個-82　保険関係成立届の提出、概算保険料申告

届出先＆提出書類	提出期限
労働基準監督署 ・労働保険保険関係成立届 ・概算保険料申告書	設置日の翌日から起算して10日以内 保険関係成立日から50日以内

ポイント解説

　労働保険（労災保険と雇用保険の総称）の適用事業となったときは、まず労災保険の保険関係成立届を管轄の労働基準監督署に提出します。その後、その年度分の概算労働保険料（労災保険料と雇用保険料）を労働基準監督署、都道府県労働局または金融機関の窓口で納付します。

　労働保険は労災保険と雇用保険の保険料の申告・納付等を両保険一本として行う一元適用事業と、労災保険と雇用保険の別個に行う二元適用事業がありますが、二元適用事業は一般的に農林漁業と建設業等で、それ以外は一元適用事業となります。

　したがって診療所は一元適用事業なので、労災保険料と雇用保険料を労働保険料としてまとめて納付します。

　ただし、労災保険の手続きは労働基準監督署で、雇用保険の手続きは公共職業安定所と異なります。

関連する主な一連手続 ➡ 連-2 、 連-13

第2編　個別の手続き

◆ 個-83　雇用保険適用事業所設置届の提出

届出先＆提出書類	提出期限
公共職業安定所 ・雇用保険適用事業所設置届	設置日の翌日から起算して10日以内

ポイント解説

　労働保険（労災保険と雇用保険の総称）の適用事業となったときは、まず労災保険の保険関係成立届を管轄の労働基準監督署に提出した後に、公共職業安定所に雇用保険適用事業所設置届を提出します。

　労働保険は労災保険と雇用保険の保険料の申告・納付等を両保険一本として行う一元適用事業と、労災保険と雇用保険の別個に行う二元適用事業がありますが、二元適用事業は一般的に農林漁業と建設業等で、それ以外は一元適用事業となります。

　したがって診療所は一元適用事業なので、労災保険料と雇用保険料を労働保険料としてまとめて納付します。

　ただし、労災保険の手続きは労働基準監督署で、雇用保険の手続きは公共職業安定所と異なります。

　また、雇用保険適用事業所設置届と同時に下記の書類も提出します。

≪提出書類≫

・雇用保険被保険者資格取得届
・保険関係成立届の事業主控（労働基準監督署受理済みのもの）
・事業所の実在、事業の種類、事業開始年月日、事業経営の状況、他の社会保険の加入状況を証明することができる書類（登記事項証明書等）
・労働者の雇用実態、賃金の支払いの状況等を証明できる次の書

Ⅶ 労働・社会保険、労務に関する手続き

個-83 雇用保険適用事業所設置届の提出

類
(1) 労働者名簿
(2) 賃金台帳(雇入れから現在まで)
(3) 出勤簿またはタイムカード(雇入れから現在まで)
(4) 雇用契約書(有期契約労働者の場合)

関連する主な一連手続 ➡ 連-2、連-13

個-84 雇用保険被保険者資格取得届の提出

届出先＆提出書類	提出期限
公共職業安定所 ・雇用保険被保険者資格取得届	被保険者となった日の属する月の翌月10日まで

ポイント解説

　週20時間以上働く職員を雇用する事業所は、その職員を雇い入れた日(被保険者となった日)の属する月の翌月10日までに、管轄の公共職業安定所に雇用保険被保険者資格取得届を提出しなければなりません。

　雇い入れた職員が外国人の場合は、本人の在留カードのコピーもあわせて提出します。なお、提出期限を守らなくても特に罰則はありませんが、6か月以上遅れて提出する場合は、遅延理由書および6か月分の賃金台帳・出勤簿の提出が必要になります。

　また、規模を問わず週20時間以上働く職員を雇用するすべての医療機関は雇用保険の加入義務があるため、未加入や手続漏れが発覚した場合は、労働保険料算定基礎調査（特に加入資格があるのに未加入であった職員が離職や雇用保険の給付を受けるために遡及加入する場合は保険事故として算定基礎調査の対象になる）により、過去に遡って保険料と追徴金が徴収（労働保険の再確定申告が必要）されたり、事業主に対して6か月以下の懲役または30万円以下の罰金が科せられることがあるので、対象職員を雇用したらなるべく速やかに加入手続をしてください。

　雇用保険は、役員および事業主の家族は加入できませんが、兼務役員にかかる雇用保険被保険者資格要件証明書において使用人兼務役員であることが認められれば加入ができます。

関連する主な一連手続 ➡ 連-34、連-35

VII 労働・社会保険、労務に関する手続き

個-85 雇用保険被保険者資格喪失届・離職証明書の発行

◆ 個-85 雇用保険被保険者資格喪失届・離職証明書の発行

届出先＆提出書類	提出期限
公共職業安定所 ・雇用保険被保険者資格喪失届 ・雇用保険被保険者離職証明書	退職日の翌々日から10日以内

ポイント解説

　雇用保険被保険者が退職した場合は、その翌々日から10日以内に管轄の公共職業安定所に、雇用保険被保険者資格喪失届を提出しなければなりません。死亡による退職の場合も同じです。

　また、離職票の発行希望があった場合、または被保険者が満59歳以上の場合は雇用保険被保険者離職証明書をあわせて提出し、本人に離職票を交付しなければなりません。離職証明書の発行については、退職日から1年、1か月ごとに遡った期間（被保険者期間算定対象期間）とその日数を記載するとともに、賃金支払対象期間（給与の締め期間）で11日以上の月（完全月）の期間、日数およびその賃金を6か月分書く必要があります。退職日から遡って途中で11日未満の月があったら、その期間も含めて完全月が6か月になるまで遡って記載します。

　なお、賃金額の欄は月給者はA欄に、それ以外の者はB欄に記載します。離職証明書の添付書類として、被保険者期間算定対象期間の分の賃金台帳と出勤簿を用意します（社会保険労務士が手続きを代行するときは添付不要）。

　なお、被保険者が外国人の場合は、本人の在留カードのコピーもあわせて提出します。

関連する主な一連手続 ➡ 連-36、連-37

第 2 編　個別の手続き

◆ 個-86　労働保険名称、所在地等変更届の提出

届出先＆提出書類	提出期限
労働基準監督署 ・労働保険名称、所在地等変更届	変更後 10 日以内

ポイント解説

　次の事項について変更があった場合には、事業主は「名称、所在地等変更届」を移転後の所在地を管轄する労働基準監督署（または公共職業安定所）に提出します。

【変更事項】
　　・事業主の住所（法人の場合は主たる事務所の所在地）
　　・事業主の名称・氏名（法人の場合、代表者の変更は届出不要）
　　・事業の名称
　　・事業所の所在地
　　・事業の種類

　なお、移転後の所在地を管轄する公共職業安定所に、雇用保険事業主事業所各種変更届（ 個-87 ）も提出する必要があります。

関連する主な一連手続 ➡ 連-3、連-10、連-11、連-12、連-20、連-21

Ⅶ 労働・社会保険、労務に関する手続き

個-87 雇用保険事業主事業所各種変更届の提出

◆ 個-87　雇用保険事業主事業所各種変更届の提出

届出先＆提出書類	提出期限
公共職業安定所 ・雇用保険事業主事業所各種変更届	変更後 10 日以内

ポイント解説

　次の事項について変更があった場合には、事業主は雇用保険事業主事業所各種変更届を移転後の所在地を管轄する公共職業安定所に提出します。

【変更事項】
　・事業主の住所（法人の場合は主たる事務所の所在地）
　・事業主の名称・氏名（法人の場合、代表者の変更は届出不要）
　・事業の名称
　・事業所の所在地
　・事業の種類

　なお、移転後の所在地を管轄する労働基準監督署に、労働保険名称、所在地等変更届（ 個-86 ）も提出する必要があります。

関連する主な一連手続 ➡ 連－3、連-10、連-11、連-12、連-20、連-21

個-88 労働保険の年度更新

届出先＆提出書類	提出期限
労働基準監督署（納付額があれば金融機関の窓口で納付、納付額がない場合は都道府県労働局への郵送も可能） ・労働保険概算・増加概算・確定保険料申告書	毎年6月1日〜7月10日（10日が土日の場合は週明けの月曜日）

ポイント解説

　労働保険の適用事業所は、毎年6月1日から7月10日（10日が土日の場合は翌平日）までに、前年4月1日から当年3月31日までの確定労災保険料・雇用保険料・一般拠出金（確定保険料）をあわせて計算・申告するとともに、当年4月1日から翌年3月31日までの概算労災保険料・雇用保険料（概算保険料）をあわせて計算・申告します。

　確定保険料と概算保険料はあわせて申告する必要がありますが、すでに納めた概算保険料は差し引くことができますので、この残りの金額を労働基準監督署または金融機関の窓口で納付します。

　概算保険料が40万円以上の場合、または労働保険事務組合に事務処理を委託している場合は、概算保険料を3回に分けて納付することができます。なお、労働保険事務組合に事務処理を委託している場合は、労働保険事務組合に対して、各事務組合指定期日までに労働保険料算定基礎賃金等の報告書を提出します。

関連する主な一連手続 ➡ 連-39

Ⅶ 労働・社会保険、労務に関する手続き

個-89 労働保険適用事業所廃止

◆ 個-89. 労働保険適用事業所廃止

届出先＆提出書類	提出期限
労働基準監督署 ・確定保険料申告書 ・労働保険料還付請求書	廃止日から50日以内

ポイント解説

　事業を廃止したときは、事業を廃止・終了した日から50日以内に確定保険料申告書により確定労働保険料（労災保険料と雇用保険料）を労働基準監督署または金融機関の窓口で納付しなければなりません。

　確定労働保険料が還付の場合は、労働保険料還付請求書を労働基準監督署に提出します。

　なお、労災保険については確定保険料申告書、労働保険料還付請求書のみで廃止届等の提出は不要です。

関連する主な一連手続 ➡ 連-2、連-14、連-23

第2編　個別の手続き

◆ 個-90　　雇用保険適用事業所廃止

届出先＆提出書類	提出期限
公共職業安定所 ・雇用保険適用事業所廃止届	廃止後10日以内

ポイント解説

　事業を廃止したときは、雇用保険適用事業所廃止届を公共職業安定所に提出します。

　また、雇用保険適用事業所廃止届と同時に下記の書類も提出します。

≪提出書類≫
　・雇用保険被保険者資格喪失届
　・雇用保険被保険者離職証明書

関連する主な一連手続 ➡ 連-2 、 連-14 、 連-23

VII 労働・社会保険、労務に関する手続き
個-91 労働保険事務等の委託

◆ 個-91 　労働保険事務等の委託

届出先＆提出書類	提出期限
労働保険事務組合 ・労働保険事務等委託書 ・労働保険保険関係成立届（継続）（事務処理委託届）	委託日より前に

ポイント解説

　個人診療所の院長、医療法人の理事長および理事等の役員（使用人兼務役員を除く）やその同居の家族は労災保険に加入することはできませんが、労働保険事務組合に事務を委託することによって中小事業主等として労災保険に特別加入することができます。

　労働保険事務組合は、主に医師会、歯科医師会、商工会議所、商工会、社会保険労務士事務所、社会保険労務士の団体が作るＳＲ経営労務センター等が運営しています。

　労働保険事務組合に事務を委託するには、その組合員となり労働保険事務等委託書および労働保険保険関係成立届（継続）（事務処理委託届）を委託先の労働保険事務組合に提出し、労働保険事務組合の組合員として新たに労働保険を成立させます（成立の前に労働保険概算・増加概算・確定保険料申告書を管轄の労働基準監督署または都道府県労働局に提出し、個別に成立した労働保険をいったん廃止する必要があります）。

　なお、労働保険事務組合は、労働保険料の納付や雇用保険の資格取得・喪失手続が主な役割であり、これ以外の労働保険・社会保険手続は社会保険労務士でなければできません。

関連する主な一連手続 ➡ 該当なし

第2編　個別の手続き

◆ 個-92　労働保険事務処理の委託解除届出

届出先＆提出書類	提出期限
労働保険事務組合 ・労働保険事務処理委託解除届 ・労働保険料等算定基礎賃金等の報告	労働保険事務組合の規約で定める指定日まで

ポイント解説

　労働保険事務組合の変更、労働保険事務組合から個別の労働保険事務処理に変更、職員の全員退職や廃業等で現在労働保険事務処理を委託している労働保険事務組合との事務処理委託を解除する場合は、労働保険事務処理委託解除届を委託先の労働保険事務組合に提出しなければなりません。

　労働保険の保険関係をいったん廃止することになるので、労働保険料等算定基礎賃金等の報告もあわせて委託先の労働保険事務組合に提出しなければなりません。

　職員を雇用したまま事業を継続する場合は、労働保険事務組合に委託するか、再度個別に労働保険を成立させて、その年度の概算保険料を納付する必要があります。

関連する主な一連手続 ➡ 該当なし

Ⅶ 労働・社会保険、労務に関する手続き

個-93 特別加入に関する変更届の提出（中小事業主等及び一人親方等）

◆ 個-93　特別加入に関する変更届の提出（中小事業主等及び一人親方等）

届出先＆提出書類	提出期限
労働保険事務組合 ・労働者災害補償保険特別加入に関する変更届／特別加入脱退申請書（中小事業主等及び一人親方等）	変更決定または脱退を希望する日の30日前まで

ポイント解説

労働保険事務組合を通じて労働保険に特別加入している中小事業主等は、以下の変更等があった場合、その変更決定を希望する日の30日前までに、労働者災害補償保険特別加入に関する変更届（中小事業主等及び一人親方等）を委託先の労働保険事務組合に提出しなければなりません。

【変更事項】
・氏名の変更
・地位または事業主との続柄の変更
・業務または作業の内容の変更
・新たに特別加入する者が生じた場合

また、役員が一般の職員や使用人兼務役員になったり、同居の家族が別世帯として独立した場合は特別加入を脱退することになるので、脱退を希望する日の30日前までに労働者災害補償保険特別加入脱退申請書（中小事業主等及び一人親方等）を委託先の労働保険事務組合に提出しなければなりません。

関連する主な一連手続 ➡ 該当なし

2 社会保険(健康保険・厚生年金保険)に関する手続き

◆ 個-94 健康保険・厚生年金保険新規適用届の提出

届出先＆提出書類	提出期限
年金事務所または健康保険組合 ・健康保険・厚生年金保険新規適用届	事実発生から5日以内

ポイント解説

次の事業所は、健康保険および厚生年金保険の加入が法律で義務付けられているので、加入すべき要件を満たした場合には年金事務所または健康保険組合に新規適用届を提出します。

【健康保険・厚生年金保険の加入要件】
　・常時従業員（事業主のみの場合を含む）を使用する法人事業所
　・常時5人以上の従業員が働いている事業所、工場、商店等の個人事業所

加入すべき要件を満たしていない事業所でも、健康保険・厚生年金保険任意適用申請書・同意書を提出することで健康保険および厚生年金保険に加入することができます。

また、新規適用届と同時に下記の書類も提出します。

≪提出書類≫
　・被保険者資格取得届
　・健康保険被扶養者（異動）届
　・保険料口座振替納付申出書

関連する主な一連手続 ➡ 連-13

VII 労働・社会保険、労務に関する手続き

個-95 健康保険・厚生年金保険被保険者資格取得届の提出

◆ 個-95 健康保険・厚生年金保険被保険者資格取得届の提出

届出先＆提出書類	提出期限
年金事務所または健康保険組合 ・健康保険・厚生年金保険被保険者資格取得届／厚生年金保険70歳以上被用者該当届	被保険者となった日から5日以内

ポイント解説

　健康保険・厚生年金保険の適用事業所で週30時間以上働く職員を雇用する事業所は、その職員を雇い入れた日（被保険者となった日）から5日以内に、管轄の年金事務所または健康保険組合に健康保険・厚生年金保険被保険者資格取得届を提出しなければなりません。

　なお、健康保険・厚生年金保険の被保険者総数が101名以上（令和6年10月1日からは50名以上）の適用事業所または週20時間以上30時間未満の職員でも健康保険・厚生年金保険の被保険者になることができる事業所（任意特定適用事業所）については、週20時間以上30時間未満の職員でも被保険者となります。

　また、70歳以上の職員は厚生年金保険の被保険者とならないため、様式内の⑩備考欄の「1．70歳以上被用者該当」に○をつけてください（連-34 の解説参照）。

　役員に関しては、常勤役員が加入対象となり、非常勤役員や個人事業主、個人事業主の家族は加入できません。

関連する主な一連手続 ➡ 連-34

◆ 個-96　健康保険・厚生年金保険被保険者資格喪失届の提出

届出先＆提出書類	提出期限
年金事務所または健康保険組合 ・健康保険・厚生年金保険被保険者資格喪失届／厚生年金保険 70 歳以上被用者不該当届	退職した日から 5 日以内

ポイント解説

　健康保険・厚生年金保険の被保険者が退職した場合は、その日から 5 日以内に管轄の年金事務所または健康保険組合に健康保険・厚生年金保険被保険者資格喪失届を提出しなければなりません。

　健康保険・厚生年金保険の資格喪失日は退職日ではなく、退職日の翌日となりますので注意が必要です。死亡の場合も同じです。

　被保険者証および被扶養者証は、事業主を通じて管轄の全国健康保険協会都道府県支部または健康保険組合に返却が必要です。

　なお、70 歳以上の職員は、様式内の⑧ 70 歳不該当欄の「70 歳以上被用者不該当」にチェックを入れて、下欄の不該当年月日のところに退職日または死亡日を記載してください（様式略）。

関連する主な一連手続 ➡ 連-37

VII 労働・社会保険、労務に関する手続き
個-97 健康保険・厚生年金保険被保険者報酬月額算定基礎届の提出

◆ **個-97** 健康保険・厚生年金保険被保険者報酬月額算定基礎届の提出

届出先＆提出書類	提出期限
年金事務所または健康保険組合 ・健康保険・厚生年金保険被保険者報酬月額算定基礎届／厚生年金保険70歳以上被用者算定基礎届	毎年7月1日～7月10日

ポイント解説

　健康保険・厚生年金保険の適用事業所は、毎年7月1日から7月10日（10日が土日の場合は翌平日）までに管轄の年金事務所または健康保険組合に健康保険・厚生年金保険被保険者報酬月額算定基礎届／厚生年金保険70歳以上被用者算定基礎届を提出しなければなりません。

　算定基礎は健康保険・厚生年金保険の加入者各人において、その年の4月、5月、6月（支給日ベース）の総支給額から3か月平均額を算出し、これを標準報酬月額等級表の等級に当てはめ、当年9月からの標準報酬月額として決定する手続きです。

　ただし、3か月平均額は17日以上の月（月給者以外はどの月も17日未満なら15日以上の月、週30時間未満の加入者は11日以上の月のみの平均額とします）のみの平均額を取ります。

　なお、当年6月1日以降に資格取得をした者、6月30日までに退職する者、7月に報酬月額の変更が生ずる者、8月または9月に報酬月額の変更が予定されている旨を申し出た者については対象外です。

関連する主な一連手続 ➡ 連-39

第2編　個別の手続き

◆ 個-98　健康保険・厚生年金保険被保険者報酬月額変更届の提出

届出先＆提出書類	提出期限
年金事務所または健康保険組合 ・健康保険・厚生年金保険被保険者報酬月額変更届／厚生年金保険70歳以上被用者月額変更届	報酬の変動があった月から3か月目の給与を支給した後速やかに

ポイント解説

　健康保険・厚生年金保険の被保険者の固定給が変動（昇給・降給、手当の創設・廃止、時給から月給になる等の給与体系の変更等）し、向こう3か月平均の総支給額の属する標準報酬月額が、従前の標準報酬月額の等級より2等級以上の変動が生じた場合、その翌月より標準報酬月額が変更となるため、管轄の年金事務所または健康保険組合に健康保険・厚生年金保険被保険者報酬月額変更届／厚生年金保険70歳以上被用者月額変更届を提出しなければなりません。

　なお、固定給が上がった場合は、向こう3か月平均の標準報酬月額が従前より2等級以上上がらなければ、標準報酬月額の変更とはなりません。逆も同じです。また、向こう3か月の給与の支払いの元になった日数に一月でも17日未満の月が含まれていたら標準報酬月額の変更は生じません。

　固定給の変動で判定を開始しますが、それから向こう3か月の給与については、残業代や歩合給などの変動給も含まれるので注意が必要です。

　8月または9月に報酬月額の変更が予定されている旨を申し出ておらず、算定基礎届の対象とした者で、8月または9月改定として月額変更届を提出した者については、月額変更届によって決定した改定時期および標準報酬月額を優先適用します。

関連する主な一連手続 ➡ 連-40

Ⅶ 労働・社会保険、労務に関する手続き

個-99 健康保険・厚生年金保険被保険者賞与支払届の提出

◆ 個-99 健康保険・厚生年金保険被保険者賞与支払届の提出

届出先＆提出書類	提出期限
年金事務所または健康保険組合 ・健康保険・厚生年金保険被保険者賞与支払届／厚生年金保険70歳以上被用者賞与支払届	賞与の支払日から5日以内

ポイント解説

　健康保険・厚生年金保険の被保険者に賞与または一時金を支払った場合は、その日から5日以内に健康保険・厚生年金保険被保険者賞与支払届／厚生年金保険70歳以上被用者賞与支払届を管轄の年金事務所または健康保険組合に提出しなければなりません。

　賞与とは、ボーナス、手当、一時金、寸志等の名称のいかんを問わず、毎月の給与とは別に支給されるものとなります。臨時的に支給した手当については、就業規則等に定めがないものについては賞与を支給したとして賞与支払届の提出が必要になるので注意が必要です。ただし、お祝金のような労働の対価として支給したものでない一時金については、賞与支払届の対象外となります。

　なお、7月1日以前に年4回以上支給した賞与については、毎月の報酬であると判定されます。この場合は、年間の合計額を12で割った金額が標準報酬月額に上乗せされ、その年の7月以降は賞与支払届の提出が不要となります。

関連する主な一連手続 ➡ 連-40

◆ 個-100　70歳到達届の提出

届出先＆提出書類	提出期限
年金事務所または健康保険組合 ・厚生年金保険被保険者資格喪失届／厚生年金保険70歳以上被用者該当届	70歳に到達した日から5日以内

ポイント解説

　厚生年金保険は70歳で被保険者資格を喪失しますが、被用者の場合は給与と老齢厚生年金の合計金額に応じて年金支給額の調整を行うための在職老齢年金の制度が存在します。

　したがって、健康保険・厚生年金保険の被保険者が70歳に到達し、引き続き健康保険の被保険者となる場合は、その日から5日以内に管轄の年金事務所または健康保険組合に、厚生年金保険被保険者資格喪失届と厚生年金保険70歳以上被用者該当届が1枚にまとめられた70歳到達届を提出しなければなりません。

　厚生年金保険の資格喪失日は、70歳の誕生日の前日となります。

関連する主な一連手続 ➡ 連-38

VII 労働・社会保険、労務に関する手続き

個-101 健康保険・厚生年金保険被保険者氏名変更（訂正）届の提出

◆ 個-101　健康保険・厚生年金保険被保険者氏名変更（訂正）届の提出

届出先＆提出書類	提出期限
年金事務所または健康保険組合 ・健康保険・厚生年金保険被保険者氏名変更（訂正）届	変更後速やかに

ポイント解説

　健康保険・厚生年金保険の被保険者については、氏名の変更があった場合は速やかに管轄の年金事務所または健康保険組合に、健康保険・厚生年金保険被保険者氏名変更（訂正）届を提出しなければなりません。

　ただし、資格取得時にマイナンバーを届けていて、マイナンバーと基礎年金番号が紐づいている被保険者（健康保険のみに加入する者および短期在留外国人を除く）については、自動的に氏名変更手続がなされ、新しい氏名の保険証が送られて来るので、本手続は不要です。

　従前の被保険者証は、管轄の全国健康保険協会都道府県支部または健康保険組合に返却してください。

関連する主な一連手続 ➡ 連-42

第2編　個別の手続き

◆ 個-102　健康保険・厚生年金保険被保険者住所変更届の提出

届出先＆提出書類	提出期限
年金事務所または健康保険組合 ・健康保険・厚生年金保険被保険者住所変更届	変更後速やかに

ポイント解説

　健康保険・厚生年金保険の被保険者については、住所の変更があった場合は速やかに、管轄の年金事務所または健康保険組合に健康保険・厚生年金保険被保険者住所変更届を提出しなければなりません。

　ただし、資格取得時にマイナンバーを届けていて、マイナンバーと基礎年金番号が紐づいている被保険者（健康保険のみに加入する者、海外居住者、短期在留外国人および住民票住所以外の居所を登録する者）については、自動的に住所変更手続がなされ、新しい氏名の保険証が送られて来るので、本手続は不要です。

関連する主な一連手続 ➡ 連-42

VII 労働・社会保険、労務に関する手続き
個-103 健康保険被扶養者（異動）届の提出

◆ 個-103 健康保険被扶養者（異動）届の提出

届出先＆提出書類	提出期限
年金事務所または健康保険組合 ・健康保険被扶養者（異動）届／国民年金第3号被保険者関係届	事由が発生した日から5日以内

ポイント解説

　健康保険・厚生年金保険の被保険者が主に生計を維持している家族等を健康保険の被扶養者とするには、その事由発生日から5日以内に健康保険被扶養者（異動）届を管轄の年金事務所または健康保険組合に提出しなければなりません。被扶養者でなくなった場合も同じです。

　健康保険の被扶養者とは、向こう1年間の年収が130万円未満（60歳以上の者または障害者は180万円未満）のものであり、この金額には通勤手当等の非課税収入も含みますので注意が必要です。

　年収が103万円を超える場合は、収入を証明する添付書類（直近3か月の給与明細や年金支給額決定通知書等、健康保険組合によってはさらに独自書類等の添付が必要）も提出しなければなりません。

　また、被扶養者にすることができる者の範囲は、配偶者、子、孫、父母、祖父母、兄弟姉妹であり、同居・別居を問いませんが、これ以外の親族でも3親等以内であれば別居していても被扶養者にすることができます。

　同居の場合は、マイナンバーを記載することで、通常添付しなければならない住民票の添付が省略できます。同居の場合でも苗字の異なる者（配偶者の父母等）を被扶養者とする場合には、戸籍謄本の添付が必要です。別居の場合は、被保険者との関係がわかる戸籍謄本や振込等により仕送りしていることを証明できる書類を添付しなければなりません。

第２編　個別の手続き

　なお、内縁関係の者（事実婚の者）でも被扶養者とすることができますが、どちらか一方が重婚していないことを証明するため、被保険者および内縁関係の者双方の戸籍謄本が必要です。原則として、資格取得時に同時に手続きをしますが、後からでも単独で手続きが可能です。また、氏名等が変更した場合も提出が必要です。特に、結婚、離婚によって苗字が変わる子等については、氏名変更のために被扶養者（異動）届の提出が必要です。

　被保険者が資格を喪失した場合については、特に手続きは必要なく、全員が自動的に被扶養者から抜けることになります。

　20歳以上60歳未満の配偶者については、同時に国民年金第３号被保険者になりますので、年金事務所または健康保険組合に国民年金第３号被保険者関係届を提出することになりますので忘れずに行いましょう。

　後期高齢者医療制度に加入する者は、健康保険の被扶養者となれませんので注意が必要です。

　被扶養者を抜けた方の被保険者証および氏名が変更された方の被保険者証は、事業主を通じて管轄の全国健康保険協会都道府県支部または健康保険組合に返却が必要です。

関連する主な一連手続 ➡ 連-42

222

VII 労働・社会保険、労務に関する手続き
個-104 健康保険・厚生年金保険事業所関係変更（訂正）届の提出

◆ **個-104** 健康保険・厚生年金保険事業所関係変更（訂正）届の提出

届出先＆提出書類	提出期限
年金事務所または健康保険組合 ・健康保険・厚生年金保険事業所関係変更（訂正）届	変更後5日以内

ポイント解説

次に該当した場合、事業主は健康保険・厚生年金保険事業所関係変更（訂正）届を年金事務所または健康保険組合に提出します。

【変更事項】
・事業所の連絡先電話番号の変更
・事業主の変更
・事業主の氏名の変更
・「昇給月」、「賞与支払予定月」または「現物給与の種類」の変更
・「算定基礎届」または「賞与支払届」に被保険者氏名等を印字したものの送付を希望するときまたは不要となったとき
・事業主代理人を選任（変更）したときまたは解任したとき
・社会保険労務士に業務を委託したときまたは委託を解除したとき
・年金委員を委嘱したときまたは解任したとき
・健康保険組合の名称に変更（訂正）があったとき
・会社法人等番号に変更（訂正）があったとき
・法人番号に変更（訂正）があったとき
・事業所の「法人」「個人」「国・地方公共団体」の区分に変更（訂正）があったとき
・本店、支店の区分に変更（訂正）があったとき
・内国法人、外国法人の区分に変更（訂正）があったとき

なお、個人事業主の氏名の変更の場合は、この届書とあわせて「適用事業所名称／所在地変更（訂正）届」も提出します。

関連する主な一連手続 ➡ 連-3、連-4、連-7、連-10、連-11、連-12、連-20、連-21

第2編　個別の手続き

◆ 個-105　健康保険・厚生年金保険適用事業所全喪届の提出

届出先＆提出書類	提出期限
年金事務所または健康保険組合 ・健康保険・厚生年金保険適用事業所全喪届	事実発生から5日以内

ポイント解説

　次に該当した場合、事業主は健康保険・厚生年金保険適用事業所全喪届を年金事務所または健康保険組合に提出します。
【変更事項】
　・事業を廃止（解散）する場合
　・事業を休止（休業）した場合
　・他の事業所との合併により事業所が存続しなくなる場合
　・一括適用により単独の適用事業所でなくなった場合
　・任意適用事業所が被保険者の4分の3以上の同意により、脱退が認可された場合

関連する主な一連手続 ➡ 連-2、連-14、連-23

VII 労働・社会保険、労務に関する手続き

個-106 被保険者適用除外承認申請

◆ 個-106　被保険者適用除外承認申請

届出先＆提出書類	提出期限
年金事務所または健康保険組合 **医師国民健康保険組合または歯科医師国民健康保険組合** ・健康保険被保険者適用除外承認申請書／厚生年金保険被保険者資格取得届（複写式の同一書類）	事由発生日から14日以内

ポイント解説

　医師国民健康保険組合または歯科医師国民健康保険組合の適用を受けていた事業所は、健康保険・厚生年金保険（社会保険）の適用事業所となっても、引き続き医師国民健康保険組合または歯科医師国民健康保険組合に加入し、職員の健康保険のみ適用を除外することができます。

　この場合、入職または社会保険の加入要件に該当した日から14日以内に、医師国民健康保険組合または歯科医師国民健康保険組合から健康保険被保険者適用除外承認の証明を受けたうえで、健康保険被保険者適用除外承認申請書／厚生年金保険被保険者資格取得届（複写式の同一書類）とともに管轄の年金事務所または健康保険組合に提出しなければなりません。

　なお、やむを得ない理由で14日以内に提出ができない場合は、理由書を添付してください。やむを得ない理由として認められるのは、以下の場合です。

- ・天災地変、交通・通信関係の事故やストライキ等により適用除外の申請が困難と認められる場合
- ・事業主の入院や家族の看護など、適用除外の申請ができない特段の事情があると認められる場合

225

- 法人登記の手続きに日数を要する場合
- 国保組合理事長の証明を受けるための事務処理に日数を要する場合
- 事業所が離島など交通が不便な地域にあるため、年金事務所に容易に行くことができない場合
- 書類の郵送（搬送）に日数を要する場合
- その他、事業主の責めによらない事由により適用除外の申請ができない事情があると認められる場合

実務のツボ！お役立ちアドバイス

医師国保の適用除外申請

　この手続きは一般的には医師国保（歯科医師国保を含む。以下同じ）の適用除外申請と呼ばれています。

　主に個人開設の診療所を法人化するときに適用除外申請をするケースが多いですが、常時5人以上の職員を雇用する個人開設の診療所も強制的に健康保険・厚生年金の適用事業所となるので、それまで医師国保に加入しており、引き続き医師国保への加入を継続したい場合は、適用除外申請が必要となるので注意が必要です。

　なお、毎月の給与が少ない職員の場合は医師国保のほうが負担額が大きいので、適用除外申請をしたうえで、医師や歯科医師だけ医師国保への加入を継続し、職員は全国健康保険協会管掌健康保険（協会けんぽ）の健康保険に加入しているところもあります。

関連する主な一連手続 ➡ 連-44

Ⅶ 労働・社会保険、労務に関する手続き

個-107 健康保険・厚生年金保険産前産後休業取得者申出書／変更（終了）届の提出

③ 産休・育休・介護休業に関する手続き

◆ 個-107 健康保険・厚生年金保険産前産後休業取得者申出書／変更（終了）届の提出

届出先＆提出書類	提出期限
年金事務所または健康保険組合 ・健康保険・厚生年金保険産前産後休業取得者申出書／変更（終了）届	産前産後休業期間中または産前産後休業の終了日から1か月以内

ポイント解説

　健康保険・厚生年金保険の女性の被保険者が出産のために産前産後休業（産前42日（多胎の場合は98日）、産後56日）に入った場合、この期間内の社会保険料は免除となります。この場合、健康保険・厚生年金保険産前産後休業取得者申出書／変更（終了）届を管轄の年金事務所または健康保険組合に提出します。

　通常、出産日は出産予定日とは限らないので、出産予定日どおりでなければ、産後休業の終了日は前後することになります。その場合は、変更届を提出しなければなりません。また、産後休業が予定よりも早く終了した場合は、終了届を提出しなければなりません（出産予定日どおりに出産した場合は、終了届の提出は不要です）。

　なお、期限に遅れて提出する場合は、遅延理由書および休業期間中の出勤簿、賃金台帳を添付しなければなりません。

関連する主な一連手続 ➡ 連-43

◆ 個-108 健康保険・厚生年金保険育児休業等取得者申出書／終了届の提出

届出先＆提出書類	提出期限
年金事務所または健康保険組合 ・健康保険・厚生年金保険育児休業等取得者申出書（新規・延長）／終了届	産前産後休業期間中または産前産後休業の終了日から１か月以内

ポイント解説

　健康保険・厚生年金保険の被保険者が子の育児のために育児休業（原則子が1歳になるまで。事由によって最長で3歳まで延長できる。また、男性が子の出生後8週間以内に4週間まで、2回に分割して取得する休業、いわゆる産後パパ育休も含む）に入った場合、この期間内の社会保険料は免除となります。この場合、健康保険・厚生年金保険育児休業等取得者申出書を管轄の年金事務所または健康保険組合に提出します。

　当初の育児休業の終了予定日よりも休業期間を延長する場合は、延長届を提出しなければなりません。また、育児休業が予定よりも早く終了した場合は、終了届を提出しなければなりません。

　なお、期限に遅れて提出する場合は、遅延理由書および休業期間中の出勤簿、賃金台帳を添付しなければなりません。

　また、育児休業については労働者に認められた権利ですので、事業主である被保険者にはこの免除制度の適用はありません。

関連する主な一連手続 ➡ 連-43

VII 労働・社会保険、労務に関する手続き

個-109 健康保険出産育児一時金支給申請

◆ 個-109 　健康保険出産育児一時金支給申請

届出先＆提出書類	提出期限
全国健康保険協会都道府県支部または健康保険組合 ・健康保険被保険者（家族）出産育児一時金支給申請書	出産日の翌日から起算して2年以内

育児・介護

⚶ ポイント解説

　健康保険・厚生年金保険の女性の被保険者が出産をし、出産育児一時金を受給する場合は、管轄の全国健康保険協会都道府県支部または健康保険組合に健康保険被保険者（家族）出産育児一時金支給申請書を提出しなければなりません。ただし、最近では多くの医療機関で直接支払制度が採用され、出産費用から差し引かれており（出産育児一時金より出産費用のほうが安かった場合は差額一時金の申請が可能）、この申請書の提出が不要となっているので、添付書類として、直接支払制度を利用していないことの証明書のコピー（領収書等にその旨が記載されていればよい）が必要になります。

　申請期限は、時効期間である出産日の翌日から2年までです。

　なお、女性の被扶養者も出産育児一時金の支給を受けることができます。

関連する主な一連手続 ➡ 連-43

第2編　個別の手続き

◆ 個-110　健康保険出産手当金支給申請

届出先＆提出書類	提出期限
全国健康保険協会都道府県支部または健康保険組合 ・健康保険出産手当金支給申請書	出産のため労務に服さなかった日ごとにその翌日から起算して2年以内

ポイント解説

　健康保険・厚生年金保険の女性の被保険者が出産をし、産前産後休業を取得した場合は、管轄の全国健康保険協会都道府県支部または健康保険組合に健康保険出産手当金支給申請書を提出することによって出産手当金を受け取ることができます。

　申請期限は、時効期間である出産のため労務に服さなかった日ごとにその翌日から2年までです。

　この給付は退職後も受け取ることが可能であり、その要件は退職日が産前産後休業期間内にあり、1年以上継続して健康保険の加入期間があることです。

　なお、被扶養者は出産手当金の支給を受けることはできません。

　また、入職1年以内が支給開始日となる場合は、以前の各事業所の名称、所在地および使用されていた期間がわかる書類を提出する必要があります。

関連する主な一連手続 ➡ 連-43

個-111　出生時育児休業給付金支給申請

届出先＆提出書類	提出期限
公共職業安定所 ・育児休業給付受給資格確認票・出生時育児休業給付金支給申請書	子の出生日（出産予定日）から起算して8週間を経過する日の翌日から2か月を経過する日の属する月の末日

ポイント解説

　子の出生日から起算して8週間を経過する日の翌日までの期間内に、4週間以内の期間を定めて、当該子を養育するための出生時育児休業、いわゆる産後パパ育休を取得した男性の被保険者は、雇用保険から出生時育児休業給付金の支給を受けることができます。この給付を受けるためには、子の出生日（出産予定日）から起算して8週間を経過する日の翌日（この日から申請可能）から2か月を経過する日の属する月の末日までに管轄の公共職業安定所に、育児休業給付受給資格確認票・出生時育児休業給付金支給申請書を提出しなければなりません。

　また、支給要件として、休業開始日前2年間に、賃金支払基礎日数が11日以上（または80時間以上）ある完全月が12か月以上あることがあげられ、以下の書類を添付する必要があります。

≪添付書類≫
・休業開始日前2年間に、賃金支払基礎日数が11日以上（または80時間以上）ある完全月が12か月以上あることを証明するための雇用保険被保険者休業開始時賃金月額証明書
・上記期間分に加えて休業開始時から2か月分の出勤簿、賃金台帳（社会保険労務士に委託する場合は省略可）
・母子手帳

第２編　個別の手続き

・振込予定の口座情報（被保険者本人のもの）がわかる書類のコピー

　この給付は女性における出産手当金の産後給付に相当するものであり、産後休業が終了した後に育児休業を取得する場合は、男女ともに従来の育児休業給付金を申請することになります。

関連する主な一連手続　➡　連-43

個-112 育児休業給付金支給申請

届出先＆提出書類	提出期限
公共職業安定所 【初回のみ】 ・育児休業給付受給資格確認票・（初回）育児休業給付金支給申請書 【2回目以降】 ・育児休業給付支給申請書	【初回】 育児休業開始日から起算して4か月を経過する日の属する月の末日 【2回目以降】 公共職業安定所長が交付する育児休業給付次回支給申請日指定通知書に印字された支給申請期間

ポイント解説

　雇用保険の被保険者が、1歳未満（最大2歳まで延長可能）の子を養育するために育児休業を取得したときは、雇用保険から育児休業給付金の支給を受けることができます。この給付を受けるためには、育児休業開始日から起算して4か月を経過する日の属する月の末日までに、管轄の公共職業安定所に育児休業給付受給資格確認票・（初回）育児休業給付金支給申請書を提出しなければなりません。

　また、支給要件として休業開始日前2年間に、賃金支払基礎日数が11日以上（または80時間以上）ある完全月が12か月以上あることがあげられ、これを証明するために、初回については雇用保険休業開始時賃金月額証明書およびこの期間分に加えて休業開始時から2か月分の出勤簿、賃金台帳（社会保険労務士に委託する場合は省略可）、母子手帳および振込予定の口座情報（被保険者本人のもの）がわかる書類のコピーを添付する必要があります。

第2編　個別の手続き

　なお、2回目以降については、公共職業安定所長が交付する育児休業給付次回支給申請日指定通知書に印字された支給申請期間に、前回交付された育児休業給付支給申請書を支給単位期間（通常は2か月）ごとにその期間分の出勤簿、賃金台帳（労働局に照合省略申出書を提出している社会保険労務士に委託する場合は省略可）を添付して公共職業安定所に提出しなければなりません。

　職場復帰をするため、保育所に入所の申込みをしたにもかかわらず、入所できない等の一定の要件を満たした場合は、子が1歳6か月になる前まで（さらに一定の要件を満たした場合は2歳の誕生日前まで）延長することができますが、この場合は保育所入所保留通知書等の入園が保留された事実を証明する書類を添付しなければなりません。

　また、被保険者である夫婦ともに1歳までに育児休業を取得していた場合は、1歳2か月まで延長できるパパ・ママ育休プラスという制度がありますが、この制度を利用する場合は世帯全員の住民票の写しに加え、事業所の発行した配偶者の育児休業取扱通知書（発行できない場合は配偶者の疎明書、なお支給申請書に配偶者の雇用保険番号を記載し、配偶者が育児休業給付を受けている事実が確認できれば省略可）を延長前の育児休業給付金支給申請時に添付する必要があります。

関連する主な一連手続 ➡ 連-43

Ⅶ 労働・社会保険、労務に関する手続き

個-113 介護休業給付金支給申請

◆ 個-113　介護休業給付金支給申請

届出先＆提出書類	提出期限
公共職業安定所 ・介護休業給付金支給申請書	各介護休業終了日（介護休業が3か月を経過したときは介護休業開始日から3か月経過した日）の翌日から起算して2か月を経過する日の属する月の末日

ポイント解説

　雇用保険の被保険者が対象家族の介護のため休業をした場合、介護休業給付金の支給を受けることができます。この給付を受けるためには、各介護休業終了日（介護休業が3か月を経過したときは介護休業開始日から3か月経過した日）の翌日から起算して2か月を経過する日の属する月の末日までに、管轄の公共職業安定所に介護休業給付金支給申請書を提出しなければなりません。

　また、支給要件として休業開始日前2年間に、賃金支払基礎日数が11日以上（または80時間以上）ある完全月が12か月以上あることがあげられ、以下の書類を添付する必要があります。

≪添付書類≫
・休業開始日前2年間に、賃金支払基礎日数が11日以上（または80時間以上）ある完全月が12か月以上あることを証明するための雇用保険被保険者休業開始時賃金月額証明書
・上記期間分に加えて休業した月分の出勤簿、賃金台帳（社会保険労務士に委託する場合は省略可）
・被保険者から事業主に提出された介護休業申出書
・対象家族の氏名・性別・生年月日・被保険者との続柄がわかる

第2編　個別の手続き

　　書類（住民票等、ただし対象家族が被保険者と同一世帯であり、
　　支給申請書に被保険者と対象家族のマイナンバーを記載した場
　　合は省略可）
・振込予定の口座情報（被保険者本人のもの）がわかる書類のコ
　ピー

関連する主な一連手続 ➡ 連-43

Ⅶ 労働・社会保険、労務に関する手続き

個-114 外国人雇用状況届出

④ 外国人雇用に関する手続き

◆ 個-114 外国人雇用状況届出

届出先＆提出書類	提出期限
公共職業安定所 ・外国人雇用状況届出書	雇入れまたは離職の場合ともに翌月末日まで

ポイント解説

　雇用保険の被保険者にならない（週所定労働時間20時間未満の）外国人労働者を雇用する事業所は、その職員を雇い入れた日の翌月末日までに、管轄の公共職業安定所に外国人雇用状況届出書を提出しなければなりません。離職した場合も同様に翌月末日までに届出が必要です。

　その際には、届出事項について、在留カードや旅券（パスポート）の提示を求め、内容を確認したうえで記入してください。なお、雇用保険の資格取得・喪失と異なり、在留カードのコピーを提出する必要はありません。

　また、特別永住者に関しては外国人雇用状況届出の対象外ですので、届出は不要です。

　雇用保険の適用要件に該当する場合は、外国人でも管轄の公共職業安定所に雇用保険被保険者資格取得届（個-84）を提出しなければなりません。外国人の場合は氏名・在留資格などをハローワークに届け出ることが義務付けられているので、雇用保険被保険者資格取得届の備考欄に「国籍・地域、在留資格、在留期間、資格外活動許可の有無、派遣・請負就労の区分」を記載して提出します。

関連する主な一連手続 ➡ 連-35 、連-36

第2編　個別の手続き

◆ 個-115　健康保険・厚生年金保険資格取得届、資格喪失届等の提出（外国人雇用）

届出先＆提出書類	提出期限
年金事務所または健康保険組合 ・健康保険・厚生年金保険被保険者資格取得届／厚生年金保険70歳以上被用者該当届 ・健康保険・厚生年金保険　被保険者資格喪失届／厚生年金保険70歳以上被用者不該当届	被保険者となった日、退職した日から5日以内

ポイント解説

　健康保険・厚生年金保険の適用事業所で週30時間以上働く外国人の職員を雇用する事業所は、その職員を雇い入れた日（被保険者となった日）から5日以内に、管轄の年金事務所または健康保険組合に健康保険・厚生年金保険被保険者資格取得届を提出しなければなりません。また、外国人を雇用する場合、添付書類として、厚生年金保険被保険者ローマ字氏名届もあわせて提出しなければなりません。

　その他、加入対象の範囲や70歳以上被用者の取扱いについては、被保険者資格取得届（個-95）の日本人職員の雇用と基本的に同じです。また、退職時の資格喪失に関しても、被保険者資格喪失届（個-96）の日本人職員の退職の場合と同じです。

　外国人の場合はミドルネームがあったり、姓と名がつながっていたりする場合があり、本来の氏名と表記が異なる場合があるので、被保険者証上どのように表記するか、手続きの際に指示する必要があります。なお、文字数が多い場合（保険者によって異なる）は被保険者証はカナ表記だけになる場合があります。

関連する主な一連手続 ➡ 連-35、連-36

Ⅶ 労働・社会保険、労務に関する手続き

個-116 在留資格認定証明書交付申請

◆ 個-116　在留資格認定証明書交付申請

届出先＆提出書類	提出期限
地方出入国在留管理官署 ・在留資格認定証明書交付申請書	外国人医師の入国前

ポイント解説

　出入国管理及び難民認定法第2条の2（在留資格及び在留期間）及び別表第一　二　＜医療＞に基づき、医師、歯科医師その他法律上資格を有する者が行うこととされている医療に係る業務に従事する活動を行う外国人を招致する受入医療機関（外国に居住する日本の医師免許を保持する外国人を招致する受入医療機関）は、地方出入国在留管理官署に在留資格の認定を申請します。

　在留資格該当性、上陸許可基準適合性、旅券の有効性、査証の有無と有効性、在留期間の適合性、上陸拒否事由該当の有無などにより審査が行われます。

関連する主な一連手続 ➡ 連-35

第2編　個別の手続き

◆ 個-117　在留資格変更許可申請

届出先＆提出書類	提出期限
地方出入国在留管理官署 ・在留資格変更許可申請書	在留資格の変更の事由が生じた時から在留期間満了日以前

ポイント解説

　在留資格＜留学＞で在留している学生等は、出入国管理及び難民認定法第2条の2（在留資格及び在留期間）及び別表第一　二　＜医療＞に基づき、医師、歯科医師その他法律上資格を有する者が行うこととされている医療に係る業務に従事する活動を行う場合（日本に居住する日本の医師免許を保持する外国人医学生が医療機関で働く場合）は、地方出入国在留管理官署に在留資格の変更を申請します。

　在留資格該当性、上陸許可基準適合性、旅券の有効性、査証の有無と有効性、在留期間の適合性、上陸拒否事由該当の有無などのほか、現に有する在留資格に応じた活動を行っていたこと、素行が不良でないこと、雇用・労働条件が適正であることなどの審査が行われます。

関連する主な一連手続 ➡ 連-35

Ⅶ 労働・社会保険、労務に関する手続き

個-118 在留期間更新許可申請、就労資格証明書交付申請

◆ 個-118 在留期間更新許可申請、就労資格証明書交付申請

届出先＆提出書類	提出期限
地方出入国在留管理官署 ・在留期間更新許可申請書 ・就労資格証明書交付申請書（個別ケースによる）	在留期間の満了する日以前

※ 6か月以上の在留期間を有する者にあっては在留期間の満了する概ね3か月前から

ポイント解説

　在留資格＜医療＞で在留している医師等は、出入国管理及び難民認定法第2条の2（在留資格及び在留期間）及び別表第一　二　＜医療＞に基づき、医師、歯科医師その他法律上資格を有する者が行うこととされている医療に係る業務に従事する活動を引き続き行う場合（日本ですでに医療の在留資格を保持する外国人が在留期間を延長する場合）は、地方出入国在留管理官署に在留資格の更新を申請します。

　現に有する在留資格を変更することなく、付与された在留期間を超えて引き続き在留を希望する場合は、在留期間更新許可申請書を、外国人の方が自らの在留資格で行うことができる収入を伴う事業を運営する活動または報酬を受ける活動を証明する文書の交付を受ける場合は、就労資格証明書交付申請書を提出します。就労資格証明書は、主に転職する時に必要となる書類です。

　在留資格該当性、上陸許可基準適合性、旅券の有効性、査証の有無と有効性、在留期間の適合性、上陸拒否事由該当の有無などのほか、現に有する在留資格に応じた活動を行っていたこと、素行が不良でないこと、納税義務を履行していること、雇用・労働条件が適正であることなどの審査が行われます。

関連する主な一連手続 ➡ 連-35

5 就業規則・36協定・変形労働時間制等に関する手続き

◆ 個-119 就業規則（変更）届の提出

届出先＆提出書類	提出期限
労働基準監督署 ・就業規則（変更）届	作成、変更してから遅滞なく

ポイント解説

　職員10名以上が在籍する事業所（事業所単位、アルバイトを含み、役員は含まない）が就業規則を作成、変更した場合は、事業所に所属する職員の代表から書面で意見を聴取し、管轄の労働基準監督署に届け出なければなりません。

　就業規則（案）として事前に届け出ることが一般的ですが、事後に届け出られたものでも有効です。

　就業規則とは、単に就業規則という名称のものだけでなく、給与規程や退職金規程、育児介護・休業規程等のように、職員に対するルールを定めた付属規程すべてが該当し、それらもあわせて届け出る必要があります。届け出る場合は、職員代表の意見書、具体的施行日を記載した規則、変更の場合は新旧対照表を添付します。

　就業規則は単に労働基準監督署に届け出るだけでは効力は発生せず、職員に配付する、職員がいつでも見られるところに置く（鍵付きのロッカーに鍵をかけてしまってはならない）等、職員に周知しなければなりません。

　なお、職員が10名未満の事業所では就業規則の作成・届出義務はなく、服務規程等を作成し、職員に周知すれば就業規則その他これに順ずるものとして、就業規則の役割を果たします。法人全体で10名以上でも、事業所単位で10名以上でなければ作成・届出の義

務はなく、事業所単位で10名を超えている場合（例えば、本院15名、分院7名）は、本院でのみ就業規則の作成届出義務が発生します。

また、複数の事業所で職員が10名以上になる場合は、事業所を管轄する労働基準監督署に対してそれぞれ就業規則の届出義務が発生しますが、同じ就業規則が適用される場合は本院等、メインで事務処理を行う事業所を管轄する労働基準監督署に一括して届け出ることが可能です。

実務のツボ！お役立ちアドバイス

就業規則は「診療所のルール」である

　就業規則を作成した後に、就業規則が診療所の実態に合っておらず、逆に混乱が生じて困っているという話をよく耳にします。

　これは、一般的な書式集などにあるモデル就業規則に、休日や賃金体系など若干の変更を加えただけで就業規則を作成するからです。確かに就業規則は労働基準法を遵守して作成する必要があるので、かなりの部分は医療機関向けに作られていないモデル就業規則でもそのまま使えますが、就業規則は「その診療所のルール」となるので、極力その診療所の実態にあったものにする必要があります。

　したがって、休日、有給休暇、出・退勤、遅刻・早退、服務規律、制裁などに関する条項はモデル就業規則の文章をそのまま使わず、必ず診療所の実態に合わせて作り直すべきです。

　これは給与規程や退職金規程についても同様です。書式集などにあるモデル退職金規程をベースに退職金規程を作ったがために、多額の退職金を支払うことになり困っている診療所は意外と多いです。

　また、雇用関係補助金を受給申請するために就業規則を作った診療所では、そもそもの動機が補助金申請のためなので就業規則が実態に合っていないことが多いようですが、一度作成した就業規則は守らなければなりません。軽い気持ちで就業規則を作らないことをお勧めします。

関連する主な一連手続 ➡ 連-41

個-120 時間外労働・休日労働に関する協定届（36協定）の提出

届出先＆提出書類	提出期限
労働基準監督署 ・時間外労働・休日労働に関する協定届	協定の起算日までに

ポイント解説

　労働基準法では1日8時間の法定労働時間が設定されていますので、これを超えて職員を労働させる場合は、時間外労働・休日労働に関する協定（いわゆる36（サブロク）協定）を事業所に所属する職員の代表者と結び、この届出書を管轄の労働基準監督署に届け出なければなりません。

　この協定は1年間が有効期間であり、事前に届出をしないと過ぎてしまった部分については無効となり、この間の時間外労働は違法なものとなってしまいます。自動更新はないので毎年の届出が必要です。

　時間外労働は原則月45時間、年360時間を超えて行うことはできず、これを超える場合は特別条項の締結（様式9号の2）が必要です。

　なお令和6年4月より、医師を雇用している医療機関で特別条項を適用する場合は、様式9号の5（特別条項を適用しない場合は様式9号の4）の様式を使います。一般的にクリニックではA水準（年間時間外労働960時間まで）となりますので、医師については様式中の②A水準医療機関に勤務する医師のところに、それ以外の職員については①（下の②〜⑤以外の者。様式略）の欄に記載します（指定を受けていない欄に記載すると協定全体が無効になりますので注意が必要です）。

　押印は廃止されていますが、別途協定書（協定届のみでも有効）が添付されていない場合は労使双方の押印が必要となります。

関連する主な一連手続 ➡ 連-39、連-41

VII 労働・社会保険、労務に関する手続き
個-121 変形労働時間制に関する協定届の提出

◆ 個-121 　変形労働時間制に関する協定届の提出

届出先＆提出書類	提出期限
労働基準監督署 ・1箇月単位の変形労働時間制に関する協定届 ・1年単位の変形労働時間制に関する協定届 　（1箇月単位の変形労働時間制は就業規則に定めておけば協定の届出は不要）	協定の起算日までに

ポイント解説

　労働基準法では1日8時間1週40時間（常時10人未満の職員を雇用するクリニックの場合は1週44時間）の法定労働時間が設定されていますので、通常これを超える労働時間をシフトで組むことはできません。

　そこで、週平均40時間または44時間となり、1日8時間を超える労働時間を設定することができる仕組みを変形労働時間制といいます。

　いくつかの種類がありますが、よく医療機関において利用されているのが、1箇月単位の変形労働時間制または1年単位の変形労働時間制です。

　1箇月単位の変形労働時間制については、シフト等により各日の労働時間を特定し、1箇月で平均週40時間または44時間であれば8時間を超えた部分においても時間外労働となりません。1日に設定できる労働時間の上限がないので、夜勤を行う有床診療所等に向いています。

　1年単位の変形労働時間制については、シフト等により各日の労働時間を特定し、1箇月を超え1年以内で平均週40時間（10人未満の特例はありません）であれば8時間を超えた部分においても時

第2編　個別の手続き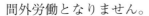

間外労働となりません。

ただし、1日10時間まで1週52時間までの上限がありますので、夜勤を行う医療機関には向きませんが、年間を通じて計画を立てたいという医療機関には向いています。

どちらの変形労働時間制についても、原則として管轄の労働基準監督署に協定届を提出する必要がありますが、1箇月単位の場合は就業規則への記載をすれば、届出は不要です。1年単位の場合は届出は必ずしなければならず、年間カレンダーを添付する必要があります。

関連する主な一連手続 ➡ 連-41

◆ 個-122　解雇予告除外認定申請

届出先＆提出書類	提出期限
労働基準監督署 ・解雇予告除外認定申請書	解雇を行う前

ポイント解説

　事業主は労働者を解雇する場合は、30日以上の予告期間を設けるか、30日分以上の平均賃金（解雇予告手当）を支払わなければなりません。ただし、天災事変その他やむを得ない事由または労働者の責めに帰すべき事由がある場合で、管轄の労働基準監督署長の認定を受けた場合は、解雇の予告または解雇予告手当の支払いが免除されます。

　天災事変その他やむを得ない事由の場合は、解雇予告除外認定申請書（様式第2号）を、申請対象の労働者の労働者名簿および地方自治体が発行する罹災証明書、事業所の被害状況全体が把握できる写真を添付して管轄の労働基準監督署に提出しなければなりません。

　労働者の責めに帰すべき事由がある場合は、解雇予告除外認定申請書（様式第3号）を、以下の添付書類とともに管轄の労働基準監督署に提出しなければなりません。

≪添付書類≫
・申請対象の労働者の労働者名簿および事由の経緯を時系列にまとめた資料
・対象者労働者の責めに帰すべき事由の自認書
・対象労働者本人の署名・押印のある顛末書
・懲罰委員会などでの懲戒処分関係会議の議事録
・新聞等の報道があった場合はその記事の写し

　解雇予告除外認定を受けるのは非常に難しく、労働者の責めに帰

第2編　個別の手続き

　すべき事由の場合は、横領等の重大な犯罪行為により、警察沙汰に
なるような場合が想定されます。
　また、解雇予告除外認定は単に労働基準法における義務を免除す
るだけのものであって、認定を受けたからといって、民事上の不当
解雇に対する責任が免除されるわけではなく、民事訴訟で必ずしも
有利になるとは限らないので、職員を解雇する際には慎重に検討す
る必要があります。

関連する主な一連手続 ➡ 連-37

Ⅶ 労働・社会保険、労務に関する手続き
個-123 寄宿舎規則（変更）届の提出

◆ 個-123　寄宿舎規則（変更）届の提出

届出先＆提出書類	提出期限
労働基準監督署 ・寄宿舎規則（変更）届	規則作成後遅滞なく

🍃 ポイント解説

　労働基準法第95条に基づき、事業の附属寄宿舎に労働者を寄宿させる使用者は、寄宿舎規則を作成し、管轄の労働基準監督署に寄宿舎規則を届け出る必要があります。届け出た寄宿舎規則を変更する場合も同様です。

　なお、寄宿舎は労働者が共同生活を送る宿舎で、玄関・キッチン・トイレ・浴室などは原則的に共用で、寝室だけが各労働者に用意されている建築物を指します。

　したがって、各住戸に玄関・キッチン・トイレ・浴室がある建築物（アパートやマンションを利用した社宅や寮）は寄宿舎ではないので、届け出る必要はありません。

関連する主な一連手続 ➡ 該当なし

おわりに

　本書を手に取っていただき、心より感謝申し上げます。本書は、一般社団法人医業経営研鑽会の有志によって執筆されました。医療に関する行政手続は、その多様性と複雑さから、他の多くの手続きよりも難易度が高いと言えます。本書では、特に診療所の変更手続に焦点を当て、その適正な進行のための実践的な知識とアドバイスを提供しています。地域医療を支える診療所の皆様の経営の一助となることを願い、執筆されました。

　本書では、理論的な知識だけでなく、実際の手続きにおいて役立つコツやアドバイスも盛り込んでいます。読者の皆様が現場で直面する様々な問題に対応できるようにと制作いたしました。内容は毎年行われる決算報告から始まり、一生に一度あるかないかといった法人名の変更など、多岐にわたるテーマを取り扱っており、診療所経営の羅針盤となることを願っています。

　本書の執筆には、税理士、社会保険労務士、行政書士など、各分野のプロフェッショナルが集結しました。執筆者一人ひとりがそれぞれの専門分野での豊富な経験と知識を持ち寄り、多角的な視点からの情報提供を実現しています。

　我々が所属する一般社団法人医業経営研鑽会は、医業経営コンサルタントの育成を目的とした非営利団体です。会員は税理士、公認会計士、行政書士、経営コンサルタントなど、多岐にわたる専門家で構成されています。本会では、毎月第三金曜日に事例研究会や教育研修会を通じて、医業経営に関する知識や情報の提供、そしてその知識を活かす見識の研鑽の場を提供しています。毎回新しいテーマが議題となり、会員同士での学び合いが生まれ、新しい発見と刺激が生まれています。このような活動が評価され、会員数も増加の一途をたどっています。平成30年5月には109名だった会員が、令和6年7月には170名にまで増えました。私自身も、令和3年に門をたたいた新参者でしたが、いつの間にか人も増え新参者とは言えなくなってしまいました。

　本書の執筆プロセスは、多くの打合せと努力の積み重ねでした。早朝から深夜まで、時間を問わずに集まり、ともに苦労を共有しました。執筆に際し、初対面の方もいれば、以前からの知り合いの方もいましたが、共通の目的と情熱が我々を一つにし、新たな絆を生み出しました。この経験は、我々執筆陣にとって、成長の機会となり、さらなる専門性の向上につながったと思います。

　最後に、共に歩んでくれた仲間たち、そして我々を厳しくも愛情深く導いてくださった西岡秀樹先生に、心から感謝の意を表します。本書が、診療所の変更手続を進める皆様の少しでもお役に立てれば幸いです。

税理士　市川　秀

著者略歴

■西岡　秀樹（にしおか　ひでき）

税理士・行政書士

西岡秀樹税理士・行政書士事務所所長・一般社団法人医業経営研鑽会会長

昭和45年東京都生まれ。大原簿記学校に在籍中に簿財2科目に合格、同校卒業後一度に税法3科目に合格して税理士となり、医業経営コンサルタント会社勤務を経て平成12年に独立。

平成22年に医業経営研鑽会を設立し、現在まで会長を務めている。

主な著書に『病医院のための税理士の選び方がわかる本』や『非営利型一般社団法人による診療所開設ハンドブック』（以上、日本法令、共著）等がある。

事務所 URL　https://nishioka-office.jp/

研鑽会 URL　https://www.kensankai.org/

■佐藤　千咲（さとう　ちさ）

行政書士・入国管理局申請取次行政書士

シンシアリー行政書士法人　代表社員

昭和43年名古屋生まれ、千葉県育ち。平成3年3月立教大学文学部英米文学科卒業後、住友商事株式会社入社、機械プラント部にて貿易営業業務従事。

平成14年6月行政書士個人事務所開業。令和6年4月シンシアリー行政書士法人設立、代表社員就任。

幅広い分野の許認可専門事務所として、行政庁との複雑・困難な交渉を得意とし、クライアントとの長きにわたる信頼関係を築くことを目標にスタッフ一同、日々精進している。

主な執筆として、月刊「近代中小企業」―許認可取得のススメ　シリーズ（連載）、『シニア企業を思い立ったら　いちばん最初に読む本』（アニモ出版）、『医療法人の設立認可申請ハンドブック』（日本法令、共著）などがある。

事務所 URL　https://www.sato-gyousei.jp/

■秋元　譲（あきもと　ゆずる）

特定社会保険労務士・認定登録医業経営コンサルタント

ＫＤＳ労務管理事務所代表、茨城県医療勤務環境改善支援センター医業経営・医療労務管理アドバイザー、日本医師会医療機関勤務環境評価センター 労務管理サーベイヤー

昭和54年茨城県生まれ。

主に医療機関の人事労務管理を得意とし、特にアドバイザーとしての長年の経験を活かし、クリニックから総合病院まで数多くの医療機関の支援を手掛ける。通常の社労士が得意とする社会保険手続、就業規則作成、給与計算代行だけでなく、医師の働き方改革対応コンサルや人員配置基準を踏まえた人事管理のアドバイスを主に行っている。また、宿日直許可申請支援を得意とし、一院でも多くの宿日直許可の取得を目指している。

事務所URL　https://www.iryou-sharoushi.com/

■中川　祥瑛（なかがわ　しょうえい）

CFP・税理士

税理士法人総合経営サービス　代表税理士

一般社団法人ライフデザイン協会　代表理事

一般社団法人中小企業成長支援センター　代表理事

昭和60年石川県加賀市生まれ。早稲田大学商学部卒。

所内では法人顧客・個人顧客問わず決算・申告最終チェック者として、総合経営サービスグループの税務部門長職に就いている。各種セミナー講師も務め累計1500回の登壇実績を持つ。診療科目や病医院の規模に関わらず、医療税務、医療行政手続き、さらには介護事業に至るまでを網羅的に対応しており、医師・歯科医師の評価を得ている。

主な著書に『病医院のための税理士の選び方がわかる本』（日本法令、共著）、『小さな会社の給与計算と社会保険』（ナツメ社、共著）等がある。

事務所URL　https://www.mountain.co.jp/

■望月　亜弓（もちづき　あゆみ）

行政書士

昭和63年神奈川県生まれ、東京都育ち。

高校在学中に調剤報酬請求事務専門士2級を取得。人工透析専門クリニックで医療事務、調剤薬局で調剤事務に従事。医療従事者が医療に専念できる環境を守ることに使命を感じ、法律事務所に勤務しながら行政書士資格を取得。令和2年に行政書士事務所を開業。医療事務経験者の行政書士として医療法人、一般社団法人、診療所の許認可手続きを中心に行っている。

著書に『非営利型一般社団法人による診療所開設ハンドブック』(日本法令、共著)がある。
事務所 URL　https://www.gyoseioffice-mochizuki.com/

■市川　秀（いちかわ　しゅう）

税理士・認定登録医業経営コンサルタント
アシタエ税理士法人 所属
昭和61年東京都生まれ。私大薬学部を卒業し、薬剤師の免許を取得。調剤薬局にて勤務する中、医療を経営の視点でサポートしたいという思いにかられ、税理士を志し合格を果たす。その後、経営コンサルタント会社・税理士法人を経て、アシタエ税理士法人に至る。令和4年税理士登録。
事務所 URL　https://ashitae-tax.jp/

■原﨑　真実（はらさき　まみ）

行政書士
ヴェリタ行政書士事務所代表
昭和55年千葉県生まれ。早稲田大学第一文学部卒業。医療に命を救っていただき現在も医療的ケアを必要とする息子を持つことから、自身も医療に携わりたいと内科・小児科の医療クラークに転身し現場経験を積む。医療機関の後方支援に生きがいを得て、埼玉県三郷市にて行政書士事務所を開業。医療と障害福祉を専門とし、誠実と共創を理念に掲げ、医療法人・診療所・薬局の許認可業務、受付・クラーク研修サポート、放課後等デイサービス支援に携わっている。
事務所 URL　http://verita-well.jp

クリニックの各種変更手続ハンドブック
～届出・許認可、保険医療機関指定申請、
　税務、労務、社会保険等

令和6年9月10日　初版発行

日本法令®

〒101-0032
東京都千代田区岩本町1丁目2番19号
https://www.horei.co.jp/

検印省略		
編　　者	一般社団法人医業経営研鑽会	
発　行　者	青　木　鉱　太	
編　集　者	岩　倉　春　光	
印　刷　所	丸　井　工　文　社	
製　本　所	国　　宝　　社	

（営　業）	TEL　03-6858-6967	Eメール　syuppan@horei.co.jp
（通　販）	TEL　03-6858-6966	Eメール　book.order@horei.co.jp
（編　集）	FAX　03-6858-6957	Eメール　tankoubon@horei.co.jp

（オンラインショップ）　https://www.horei.co.jp/iec/
（お詫びと訂正）　https://www.horei.co.jp/book/owabi.shtml
（書籍の追加情報）　https://www.horei.co.jp/book/osirasebook.shtml

※万一、本書の内容に誤記等が判明した場合には、上記「お詫びと訂正」に最新情報を掲載しております。ホームページに掲載されていない内容につきましては、FAXまたはEメールで編集までお問合せください。

・乱丁、落丁本は直接弊社出版部へお送りくださればお取替えいたします。
・[JCOPY]〈出版者著作権管理機構 委託出版物〉
本書の無断複製は著作権法上での例外を除き禁じられています。複製される場合は、そのつど事前に、出版者著作権管理機構（電話 03-5244-5088、FAX 03-5244-5089、e-mail：info@jcopy.or.jp）の許諾を得てください。
また、本書を代行業者等の第三者に依頼してスキャンやデジタル化することは、たとえ個人や家庭内での利用であっても一切認められておりません。

© Improvement Association of Medical Management 2024. Printed in JAPAN
ISBN 978-4-539-73062-1

医業経営研鑽会 書籍案内

※定価は10％税込価格です。

病医院のための税理士の選び方がわかる本
一般社団法人 医業経営研鑽会 編
／西岡秀樹・中川祥瑛 共著
2023年4月刊・A5判216頁・定価2,530円

非営利型一般社団法人による診療所開設ハンドブック
一般社団法人 医業経営研鑽会 著
／西岡秀樹・岸部宏彦・河野理彦・望月亜弓 共著
2022年4月刊・A5判208頁・定価2,420円

3訂版 医療法人の設立・運営・承継・解散
一般社団法人 医業経営研鑽会 著
2021年2月刊・A5判336頁・定価2,860円

クリニックが在宅医療をはじめようと思ったら最初に読む本
一般社団法人 医業経営研鑽会 編
／岸部宏一・松山 茂・小島浩二郎・山田隆史 著 共著
2021年2月刊・A5判300頁・定価2,970円

歯科医院の法務・税務と経営戦略
一般社団法人 医業経営研鑽会 編／西岡秀樹 著
2020年12月刊・A5判200頁・定価2,420円

クリニックの個別指導・監査対応マニュアル
一般社団法人 医業経営研鑽会 編
／西岡秀樹・加藤 登・堀 裕岳・永淵 智 著
2019年9月刊・A5判292頁・定価2,970円

病医院の引き継ぎ方・終わらせ方が気になったら最初に読む本
一般社団法人 医業経営研鑽会 編／西岡秀樹 監修
／小山秀喜・岸部宏一・小島浩二郎・池田宣康 著
2019年7月刊・A5判240頁・定価2,750円

医療法人の設立認可申請ハンドブック
一般社団法人 医業経営研鑽会 編
／西岡秀樹・岸部宏一・藤沼隆志・佐藤千咲 著
2017年9月刊・A5判256頁・定価2,640円

クリニック開業を思い立ったら最初に読む本
一般社団法人 医業経営研鑽会 編／岸部宏一・中澤修司・田邉万人・高橋邦光 著
2016年6月刊・A5判262頁・定価2,750円

ご注文は、㈱日本法令 通信販売係（TEL 03-6858-6966）もしくは、https://www.horei.co.jp/iec/ で承ります。